AF396904

DEUX DIALOGUES

ENTRE

UN ROYALISTE, UN RÉPUBLICAIN ET L'AUTEUR DE LA LETTRE AU C.ᴱᴺ CREUZÉ-LATOUCHE, SUR L'ADMINISTRATION CIVILE ET FINANCIERE DE LA RÉPUBLIQUE.

OUVRAGE dans lequel on essaye de démontrer l'existence d'un Dieu et l'Immortalité de l'Ame.

But justify the Ways of God to man.

The proper study of mankind is MAN.

POPE.

Mais justifions aux hommes les voies de Dieu.

L'étude propre de l'homme est L'HOMME.

SILHOUETTE.

Page 10 , *ligne* 21 , direz, *lisez* diriez.

——— 11 , *l.* 29 , frusterez , *lisez* frustrerez.

——— 20 , *l.* 23 , sacrificans , *lisez* sanctificans.

——— 72 , *l.* 29 , la divinité n'en est pas moins immortelle , *lisez* la divinité n'en est pas moins éternelle et moins immortelle.

Page 103 , *ligne* 26 , Cette harmonie dépendoit du rhythme , qui à son tour dépendoit du plus ou moins de facilité avec laquelle on prononçoit les mots , les uns après les autres , selon qu'ils commençoient par des voyelles ou des consonnes.

Lisez Cette harmonie dépendoit de la facilité avec laquelle on prononçoit les mots , les uns à la suite des autres , selon qu'ils commençoient et finissoient par des voyelles ou par des consonnes , et non pas par des consonnes qui exigeoient une conformation différente des organes , telles que l'N et le P.

Ces deux Dialogues écrits d'abord en Anglois, ainsi que la Lettre au Citoyen *Creuzé-Latouche*, ont été composés avec la plus grande précipitation. L'Auteur, le Traducteur et l'Imprimeur y ont travaillé tous à-la-fois, le premier n'ayant cru pouvoir rester à Paris que fort peu de jours, et voulant que l'impression en fût achevée avant son départ. Il a dû par conséquent s'y glisser plusieurs erreurs légeres, pour lesquelles on demande l'indulgence du Lecteur.

Quant aux erreurs plus graves qui peuvent se trouver dans les idées importantes qu'il livre au Public, l'Auteur sent bien qu'il n'a point d'indulgence à réclamer. Il sait qu'il n'y a que la justesse et l'utilité de ses vues qui puissent lui servir d'appui, et c'est d'après ce principe qu'il demande à être jugé.

Il croit cependant devoir observer qu'il avoit, il y a plus de sept ans, l'intention de méditer avec soin les sujets qu'il traite ici. Il se proposoit de faire une étude suivie des Auteurs classiques grecs et latins, dans leur ordre chronologique, jusqu'au règne de Justinien, ce qui l'auroit occupé peut-être vingt ans, et d'en publier ensuite le résultat avec tout ce qu'il auroit pû rencontrer d'intéressant dans le cours de ses recherches. Mais les raisons que l'on verra ci-après, dans le corps de cet ouvrage, l'ont obligé de renoncer à ce projet, peut-être pour jamais. Il ne peut donc soumettre au Lecteur que des idées informes. Cependant, vu les circonstances où l'Europe se trouve aujourd'hui, ces idées, telles qu'elles sont, lui ont paru assez importantes pour mériter l'attention du Public, et c'est dans cette persuasion qu'il prend la liberté de les livrer à l'impression.

Paris, 11 Messidor, an 8.

DIALOGUE

ENTRE

UN RÉPUBLICAIN, UN ROYALISTE, ET L'AUTEUR.

Le Royaliste. J'ai lu votre *Esquisse d'un Plan de Constitution pour la République française.* Vous aviez raison de lui donner ce nom, car ce n'est qu'une *esquisse*, et, qui plus est, une esquisse très-imparfaite. Il n'y est nullement question des femmes, cette intéressante moitié de l'espèce humaine. Peut-être avez-vous trouvé cette partie du sujet trop au-dessus de vos forces. Vous êtes justifié, cependant, par l'exemple de tous les philosophes de l'antiquité et de tous les fondateurs d'états. Aucun d'eux n'a osé établir des règles de conduite pour cette portion de la société, et leur silence à cet égard montre, à mon avis, leur bon sens.

L'Auteur. Si votre opinion est bien ou mal fondée, c'est ce que je n'examinerai pas pour le présent. Mais tous les legislateurs de l'antiquité n'ont pas négligé les femmes ; car, si je ne me trompe pas, Romulus, premier roi des Romains, et l'un des plus fameux législateurs de l'antiquité, s'en occupa spécialement, dans les lois qu'il donna à son peuple naissant.

Le Royaliste. Vous avez raison ; il les soumit à l'autorité absolue de leurs maris, c'est-à-dire, qu'il donna à ces derniers le droit de vie et de mort sur leurs épouses. Mais certes, vous ne voudriez pas qu'on introduisît dans

A

notre république une pareille loi, qui se trouveroit entièrement incompatible avec nos mœurs et nos usages actuels. Vous conviendrez que tous les législateurs sages ont adapté leurs lois au génie du peuple pour lequel ils les ont faites. Ce fut même d'après ce principe, que Solon justifia les défauts qui se trouvoient dans la constitution qu'il avoit donnée aux Athéniens. *J'ai donné à ce peuple*, disoit-il, *non les meilleures lois possibles, mais celles qui lui conviennent le mieux*. Solon sentoit bien que ces lois, faites pour être mises en pratique, étoient bien inférieures à celles qu'il auroit pu inventer en théorie.

L'Auteur. Je ne déciderai rien, à cet égard, sur ce qu'il conviendroit de faire en France ; mais il y a un point que je soutiendrai toujours, c'est que si l'on veut amener ce *siècle d'or* que vos patriotes vous ont tant de fois annoncé comme devant être une suite nécessaire de la révolution, il faut indispensablement que vos législateurs s'appliquent à corriger les mœurs publiques, et pour cet effet, que leurs premiers regards se tournent vers les femmes, car c'est d'elles que dépendra un changement si heureux.

Le Républicain. Ainsi donc, vous voudriez sans doute confier aux chefs de famille un pouvoir despotique et arbitraire, et non content de dépouiller les femmes de toute l'influence qu'elles ont aujourd'hui, et dont j'avoue qu'elles font un si mauvais usage, vous voudriez probablement aussi, assujettir les enfans au même joug. Un pareil projet, croyez-moi, ne réussira jamais en France, où les enfans deviennent en peu de tems aussi habiles que leurs parens. Si réellement vous voulez être utile à notre république, vous ne proposerez que des choses praticables. Ces idées chimériques, ces paradoxes, bien loin d'éclairer le peuple, ne servent, si malheureusement il s'y laisse prendre, qu'à le dégoûter des projets réellement utiles qu'on pourroit lui présenter. Je crois donc qu'au lieu de nous reudre quelque service, vous pourriez nous faire beaucoup de mal, quoique j'avoue que je vous crois bien loin d'en avoir l'intention. Je vais plus loin : s'il n'étoit pas à craindre que votre déportation ne donnât à vos opinions une trop grande célébrité, je croirois, quelque condamnables que me paroissent de pareilles mesures, que notre gouvernement feroit bien de vous chasser du territoire de la république. — Au reste, je ne suis nullement de votre avis, au sujet de l'éloge que vous faites de Romulus. Je ne vois pas que nos philosophes et nos législateurs modernes aient de ce roi une idée aussi exaltée que vous.

L'Auteur. Je ne m'inquiète guères de ce que pensent vos philosophes et vos législateurs modernes ; mais certes ce n'étoit pas un législateur ordinaire, que celui dont les institutions subsistoient encore sept cents ans après sa mort, et qui changea un ramas de bandits et d'assassins, en un peuple de patriotes désintéressés, ce dont nous voyons une preuve incontestable dans l'élection du sage Numa, du premier des Tarquins et de Servius Tullius, dont aucun n'étoit de Rome, ainsi que dans la natura isation d'Appius Claudius et de ses suivans. Un pareil désintéressement ne paroît pas être du goût de nos législateurs modernes. Les fondateurs de la république française, et ce qui est encore plus extraordinaire, ceux de la république des Etats-Unis d'Amérique, ont préféré au noble et généreux exemple que Romulus leur avoit donné la politique basse et intéressée de ces petites républiques qui se sont élevées dans le moyen âge en Italie. L'on voit, par conséquent, que ces législateurs ignoroient cette vérité prouvée par l'expérience des peuples et des individus ; savoir, que *rien n'avance plus nos intérêts qu'un sage désintéressement.* J'ajouterai même qu'indépendamment des avantages solides qu'on en retire, un pareil désintéressement donne à un peuple, aussi bien qu'à un individu, quelque chose de sublime et d'héroïque.

Je n'examinerai pas si le rétablissement des pères de famille dans toute la plénitude de l'autorité paternelle, est praticable ; mais je sais bien que quand on vient à l'exécution, les projets de cette nature ne sont pas si difficiles qu'on les a crus d'abord.

Le Républicain. Ainsi, vous ne croyez pas que le vôtre soit impraticable ? Chaque chef de famille sera donc revêtu d'une autorité absolue ? Quel bel usage ils en feroient ! Quelles scènes de cruauté et de barbarie nous verrions ! — Mais l'un des plus grands désavantages de votre système, seroit la ruine totale de l'éducation publique, éducation que nous espérons voir renaître avec le rétablissement de nos finances.

L'Auteur. Je ne conçois pas, je vous l'avoue, que l'autorité paternelle puisse produire en France plus de scènes de cruauté et de barbarie qu'elle n'en a produit à Rome. Certes, le caractère français n'a pas dégénéré. Cette génerosité, cette humanité qui ont toujours distingué votre nation, n'ont pas tout-à-coup fait place à un égoïsme féroce et brutal. Certes, les Français ne feront pas de ce pouvoir un plus mauvais usage que n'en ont fait les bandits de Rome, car je ne me rappelle pas un seul cas où les Romains en aient abusé. Au reste, il ne sera guères possible qu'on en abuse. Celui qui en profitera pour opprimer un être délicat et foible, que les institutions sociales ont soumis à son autorité, sera de suite puni par la plus efficace et la plus redoutable des peines, l'opinion publique ; car celui qui se rend coupable d'une pareille tyrannie, ne mérite pas le nom d'homme. D'ailleurs, dans les cas graves, on appeloit toujours à Rome les parens de la femme, qui veilloient à ce qu'elle ne fût pas punie injustement. Maintenant je vais plus loin, et je soutiens que les femmes, bien loin de perdre leur influence par le rétablissement de la puissance maritale, y acquerront une autorité qui sera d'autant plus solide, qu'elle sera fondée sur l'inébranlable base de la vertu. On en voit la preuve même aujourd'hui à Rome, où une femme croiroit avoir perdu l'affection de son mari, si elle ne partageoit pas son lit, opinion qu'on ne peut attribuer qu'aux institutions de Romulus, attendu qu'elle n'existe pas dans les autres parties de l'Italie J'ai dit *qu'elles y acquerront une autorité solide*; car, si j'ai bien vu les choses, dans tous les pays où les femmes passent pour avoir une si grande influence, bien loin de jouir de l'estime de l'autre sexe, elles en sont réellement méprisées; ce qui n'auroit pas lieu, si aux charmes dont la nature les a parées, elles ajoutoient les vertus de leur sexe. C'est une vérité assez généralement réconnue, que dans presque tous les pays, les femmes gouvernent, soit directement, soit indirectement. Or, l'influence des femmes peut être très-dangereuse dans les états où le gouvernement est confié à des jeunes - gens étourdis et manquans d'expérience. Mais elle sera sans danger dans ceux gouvernés par des hommes mûrs, dont la gravité et l'austère vertu seroit tempérée par les charmes qu'y ajouteroient la générosité et le désintéressement, si naturels à cette séduisante portion de l'espèce humaine.

Le Républicain. Vous feriez bien de laisser ce sujet. Les femmes sont fort contentes de l'état où elles se trouvent. Si l'on donnoit un si grand pouvoir à leurs maris, elles craindroient de perdre toutes les occasions qu'elles ont à présent de briller en public, et vous savez que c'est-là une des premières passions du sexe. Enfin, on peut dire de nous tous, en général, que nous aimons mieux paroître heureux que l'être effectivement. Je le répète donc, ne parlez plus sur cette matière, à moins que vous n'ambitionniez le sort d'Orphée. D'ailleurs, on dira : « ne suffisoit-il pas à cet étranger de proposer un impôt sur un article de première nécessité, sans qu'il s'avisât de faire des réglemens pour nos femmes, dont il est bien plus dangereux de se mêler que des hommes ? Vouloit-il faire parler de lui, à quelque prix que ce fût ? S'il périt d'une mort violente, ce ne sera que la juste peine de son imprudence et de sa témérité. »

L'Auteur. Je crois bien que beaucoup de personnes le diroient. Cependant, tout cela ne m'empêchera point de publier les vérités que je pourrai croire vraiment utiles, soit à votre république, soit au bonheur du genre humain, qui est intimement lié au sort de la France ; car,

> *Justum et tenacem propositi virum ,*
> *Non civium ardor prava jubentium ,*
> *Non vultus instantis tyranni ,*
> *Mente quatit solida : neque auster,*
> *Dux inquieti turbidus adriæ,*
> *Nec fulminantis magna Jovis manus ;*
> *Si fractus illabatur orbis ,*
> *Impavidum ferient ruinæ.* Horace (a)

Ces vers admirables et énergiques devroient faire la devise de tout républicain.

Le Royaliste. Vous feriez beaucoup mieux de retourner dans votre pays natal, pour y préparer le peuple à vos projets, dans le cas où les principes révolution-

---

(a) L'Homme affermi par la Justice
  Dans ses immuables Décrets,
  Brave le Peuple et son caprice,
  Quand il commande des forfaits.
  Il brave le Tyran sévère,
  Et l'Aquilon dont la colère
  Tourmente les flots écumans :
  Sans pâlir il entend la foudre,
  Et verroit l'Univers en poudre
  Arraché de ses fondemens.
  Traduction du Cit. Pierre Daru.

naires y prennent jamais le dessus ; car , croyez-moi ,
vous ne réussirez point dans celui-ci.

L'Auteur. Peut-être. Il n'est pas nécessaire cependant
que j'y retourne. Les pauvres y sont si bien persuadés
que je suis leur ami sincère , et que je suis capable
d'inventer des projets faits nécessairement pour accroître
leur bonheur , que je ne saurois leur proposer aucune
mesure , quelque contraire qu'elle fût en apparence à
leurs intérêts , sans qu'ils ne l'acceptassent de bon cœur.
Je ne manquerois pas de leur faire sentir que Dieu nous
ayant accordé le don de la raison a voulu que nous ne
nous laissassions pas guider pas les apparences trom-
peuses ; que l'expérience de tous les jours , en nous
découvrant les erreurs de nos jugemens précédens , nous
fait un devoir de scruter les choses nous-mêmes , ou ,
pour me servir de l'expression du philosophe de Samos ,
que nous devons *écouter notre écho* , c'est-à-dire , nos
secondes pensées. Je leur representerois que , quelqu'ef-
frayant que paroisse d'abord un impôt sur un article de
première nécessité , il en résulteroit les effets les plus
heureux , tels qu'une hausse de plus du double dans le
prix de la main-d'œuvre , ce qui les tireroit tout-à-coup
de la misère et les feroit jouir de l'aisance des cultiva-
teurs anglais. Mais si je parlois à des français , je leur
dirois que cet impôt est le seul et unique moyen de les
sauver de l'esclavage et de tous les malheurs qui en
sont la suite , eux , leurs femmes et leurs enfans ; que
sans cette mesure salutaire toutes leurs victoires seront
sans effet , qu'en l'adoptant tout le globe se révolution-
nera de lui-même , et pour ainsi dire sans qu'on soit
obligé de tirer l'épée , enfin que tous les peuples em-
brasseront avec enthousiasme cet *évangile de vérité* et se
civiliseront en très-peu de tems.

Au reste , indépendamment de tous ces avantages
inappréciables , la nécessité la plus impérieuse vous

forcera bientôt , en France , à augmenter le prix de la main-d'œuvre , autrement , (et tous les français bien instruits doivent en convenir) , vous aurez à craindre la famine et tous les malheurs que produira nécessairement et en peu d'années , l'état d'imperfection où se trouve l'agriculture de ce pays d'ailleurs si heureusement partagé de la nature. En effet , tout pays qui , comme la France , est presqu'entièrement partagé en terres labourables , se détériore tous les ans et ne produira bientôt qu'exactement de quoi suffire à la nourriture de ses habitans. Mais si cette population s'augmente de la quotité annuelle de 340,000 ames , ce qui arrivera en France après la paix . dans dix ans elle sera augmentéé de près de quatre millions. Quelles suites effrayantes une seule mauvaise récolte ne produira-t-elle pas alors ! Et si cette récolte est suivie de deux ou trois autres également mauvaises ? Les suites en seront bien plus terribles encore dans 30 ou 40 ans , époque où la population sera augmentée de 15 ou 20 millions. Alors une seule année de stérilité suffira pour enlever la moitié des habitans , et quelque terrible que soit ce fléau , ceux qui auront le bonheur d'y échapper auront peut-être raison de remercier le ciel pour les avoir ainsi garantis d'une seconde famine , en diminuant le nombre des consommateurs. Je dis de plus , que , le bled étant aujourd'hui à bas prix , voici l'heureux moment d'introduire un systême plus parfait d'agriculture , en augmentant le prix de la viande de boucherie , augmentation qui suivra nécessairement celle du prix de la main-d'œuvre. En effet , sans cette augmentation de prix , le fermier se ruineroit en augmentant le nombre de ses bestiaux. Semblable à tous les autres hommes , il ne veut pas employer ses capitaux à des spéculations qui ne rapportent que peu ou point de profit. Mais qu'il soit sûr de son bénéfice , et vous verrez qu'il fera des efforts en conséquence. Il s'en suit de-là que le principal objet de toutes vos sociétés d'agriculture devroit être d'augmenter la quantité des bestiaux, ce qui dépend de la hausse dans le prix de la main-d'œuvre ; car, sans bestiaux point d'engrais, et sans engrais la terre se détériore nécessairement.

Or, je le répète, voici le moment heureux et propice, aujourd'hui que le bled est à bas prix ; car, si le prix du bled vient à s'augmenter, il sera proportionnellement plus difficile d'engager le fermier à multiplier ses bestiaux. Il faudra même, pour produire cet effet, lui offrir des primes considérables, mesure qui sera toujours condamnée par le public, qui ne manquera pas d'envisager ces primes comme des faveurs accordées à quelques citoyens, au préjudice des autres, et à qui il est impossible de faire sentir que si une moitié d'un terrain quelconque est en grains, et l'autre en prairies artificielles ou en légumes, la première produira plus de grains, et la seconde nourrira plus de bétail, que si la totalité étoit labourée ou en prairie naturelle.

Le Royaliste. Vous m'étonnez réellement.

Le Républicain. Et moi aussi. Que l'homme a la vue courte ! Combien de fois ai-je entendu crier à mes concitoyens, qu'avec nos grains seuls, nous pourrons nous procurer toutes les productions coloniales que nous voudrons. Mais maintenant il me paroît clair, qu'à moins que notre agriculture ne se perfectionne de suite, au lieu de troquer nos bleds contre des denrées coloniales, nous n'en aurons pas assez pour notre propre consommation. Je croirois que cette prospérité, que nous cherchons avec tant d'ardeur, recule devant nous. Je vous avoue que je ne saurois fixer mes idées ; je n'y vois à présent que des motifs pour douter.

L'Auteur. Le découragement ne sert à rien, et ne nous

garantit jamais des maux qui nous menacent. Mais voici le moment de faire sentir vivement au public tout le danger de sa position ; voici le moment de sommer le peuple de choisir entre la paix et la guerre, entre l'opulence et la misère, entre l'abondance et la famine ; car, avec le rétablissement de vos finances, la guerre se terminera d'elle-même. Ce n'est que sur l'embarras où vous vous trouvez, que l'Angleterre fonde ses espérances de succès ; enlevez-lui cet appui, elle tombera de suite.

Le Républicain. Puisse votre prophétie se vérifier ! Mais revenons à notre sujet : je soutiens que le rétablissement de ce que vous appelez l'autorité paternelle, est contraire aux droits de l'homme.

L'Auteur. Les droits de l'homme ! Dans notre discussion actuelle, il ne s'agit pas des droits de l'homme, mais des moyens de rendre les hommes vertueux et heureux. Quand, par des réglemens sages, vous serez parvenu à ce bût, vous pourrez, si vous voulez, vous occuper des droits de l'homme ; autrement, vous ne ferez que perdre votre tems. L'homme a droit au bonheur ; eh bien ! rendez-le heureux. Que direz-vous d'un cuisinier d'auberge, qui, au lieu d'apprêter le dîner d'un voyageur affamé, s'amuseroit à lui faire de longues dissertations sur la bonté des mets qu'il compte lui servir ? Le voyageur n'auroit-il pas raison de l'arrêter court au milieu d'une si impertinente dissertation, et de lui ordonner d'agir au lieu de bavarder ? Par la même raison, le peuple n'a-t-il pas le droit de fermer la bouche à nos métaphysiciens politiques, en leur disant : *commencez, messieurs, par nous rendre heureux, et puis discutez tant que vous voudrez.* — Je vois que le mot *rétablissement* vous offusque, mais c'est-là le vrai terme. Avant que de former des sociétés, les hommes étoient des pères de famille, et jouissoient de toutes les prérogatives attachées à ce titre. De plus, c'est un principe reconnu, que

(11)

l'homme n'a cédé que cette partie de ses droits naturels
dont l'exercice est incompatible avec l'état de société.
Or, l'autorité paternelle n'est pas comprise dans cette
partie de nos droits naturels, et la preuve en est, c'est
qu'elle a existé à Rome pendant toute la durée de la
république. Je vais plus loin, et je soutiens que l'autorité paternelle s'accorde parfaitement avec les droits de
l'homme, que dis-je, qu'elle en fait une partie essentielle, et qu'elle n'a été arrachée à l'homme que par la
violence de certains gouvernemens. D'ailleurs, je ne vous
ai pas absolument proposé le rétablissement de la puissance paternelle. Je n'ai fait que l'envisager comme un
correctif très-puissant contre cette dépravation univer-
selle de mœurs, qui, à ce qu'on m'assure, règne par
toute la France, et principalement à Paris. J'ose me
flatter cependant que vos profonds législateurs préparent
quelque remède également efficace et plus doux contre
ce mal, qui autrement sappera les fondemens de votre
république. En disant *un remède* plus doux, j'ai voulu
seulement parler d'une manière conforme aux préjugés
du vulgaire; car je suis persuadé qu'il est impossible de
trouver un remède plus doux que celui que je propose.
— Au reste, je ne voudrois d'abord qu'on ne rendît l'autorité paternelle qu'aux citoyens actifs, et à ceux qui
ont assez de propriété pour pouvoir le devenir un jour,
quand ils auront atteint l'âge fixé dans ma lettre au citoyen *Creuzé-Latouche*.

Le Républicain. En revêtissant les pères de famille
d'un si grand pouvoir, vous frusterez tous les effets de
l'éducation républicaine, que nos patriotes attendent
avec une si grande impatience, et dont ils se promettent
les effets les plus heureux.

L'Auteur. Je vous l'avoue; j'ai de grands doutes au
sujet de cette éducation publique. Pour l'éducation de la
jeunesse, il ne faut qu'un nombre assez considérable de

bons maîtres dans toutes les branches des connoissances humaines. Or, enrichissez les citoyens, et ils donneront à leurs enfans l'éducation qu'ils voudront. Il me semble qu'une grande variété dans l'instruction, servira plus aux progrès de l'esprit humain, que cette uniformité d'enseignement qu'on cherche à établir dans toute l'étendue de la république. D'ailleurs, je ne vois pas que les Athéniens, dont l'esprit étoit bien plus cultivé et plus pénétrant que celui des autres peuples, aient eu des établissemens publics pour l'éducation de la jeunesse. Voici encore une autre vérité qui me paroît incontestable : c'est qu'en enlevant aux parens le droit d'élever leurs enfans, non-seulement vous leur otez un droit naturel très-compatible avec l'existence et le bien de la société, mais vous desséchez en même-tems une grande source de bonheur pour les individus, bonheur que tout homme ressent quand il a rempli ce premier devoir envers ses enfans ; et vous savez que le but de toute société est le bonheur individuel de tous les citoyens. Sur une question d'une si haute importance, les pères de famille devroient donc seuls avoir le droit de prononcer, et je pense que ce seroit un signe de présomption dans tout autre citoyen de s'en mêler, autrement qu'en offrant des conseils.

Le Royaliste. Il y a un autre objet essentiel que vous avez omis dans votre esquisse, je veux dire la religion. Quant à moi, je ne prévois dans ce moment-ci qu'une chose, qui fait naître les réflexions les plus désespérantes ; savoir, une dégradation régulière et accélérée de l'espèce humaine. En effet, notre révolution, en anéantissant toutes les sectes religieuses, quoiqu'il n'y en ait aucune qui, avec toutes ses absurdités, ne fût préférable aux doctrines dangereuses qui menacent de prendre leur place, a anéanti toute espèce de religion, ce qui annonce une corruption générale de mœurs, et par conséquent, la dégradation rapide de l'espèce humaine. Bien plus, cette absence de toute religion sappera les fondemens de la république, et prouve le peu de prévoyance des législateurs qui les ont posés ; car celui qui fait entrer dans son ouvrage un élément qui en aménera la destruction, démontre jusqu'à l'évidence, sa propre impéritie. Ces chétifs fondateurs de républiques, se prenant pour autant de Solons et de Lycurgues, et voyant dans l'ancien système de grands défauts, et certes il y en avoit de trop grands, s'avisèrent tout d'un coup, et avec la plus grande témérité, de détruire ce système, sans avoir rien de prêt pour lui substituer à l'instant. Autant vaudroit-il qu'un ignorant maçon s'avisât de démolir et de reconstruire à neuf sur ses propres plans, un édifice dans lequel il se seroit imaginé voir quelque défaut saillant. Les bévues continuelles qu'il y commettroit, loin de prouver ses prétendues connoissances en architecture, démontreroient son ignorance totale de l'art, ainsi que sa présomption. Mais voici un des plus grands malheurs qu'a produit chez vous cette démolition politique. Dans le désordre général, quelques hommes immoraux, excités par des vues intéressées, et je l'avouerai, par quelques anciens défenseurs du royalisme, qui croyoient voir dans cette confusion un moyen de rétablir la monarchie, ont forcé les législateurs honnêtes à des mesures imprudentes, et après avoir ainsi détruit la popularité et l'influence de ces derniers, ils n'ont pas eu de peine à usurper ce pouvoir sans bornes, dont ils ont fait un usage si atroce. Il ne faut pas supposer, cependant, que les royalistes eux-mêmes fussent contens de l'ancien ordre des choses. Ils étoient bien loin de l'être. Leur plan de réforme étoit bien mieux combiné que celui de ces novateurs malheureux, et puisqu'il faut le dire, bien intentionnés. Avec un roi, ils vouloient une classe privilégiée, semblable aux patriciens de Rome, et d'où l'on tireroit les principaux fonctionnaires de l'état, ainsi que les dignitaires de l'église. Ce n'est pas qu'ils ne sussent bien que les dogmes du christianisme étoient plus que problématiques ; mais ils étoient convaincus qu'il falloit une religion sur laquelle on pût établir la croyance d'une vie à venir, et que sans cette croyance, il est impossible de contenir les dispositions vicieuses des dernières classes du peuple, qui, continuellement occupées des moyens de pourvoir à leur subsistance, n'ont pas le tems de réfléchir et de se convaincre par le raisonnement, que le bonheur de l'homme consiste uniquement à modérer ses passions. Or, ce frein étant aujourd'hui enlevé, et d'un autre côté, l'existence du mal ayant renversé dans l'esprit de tout homme de bonne foi, le théisme ou la foi prétendue naturelle, je ne vois dans l'avenir qu'une dépravation continuelle de l'espece humaine, et l'augmentation successive de tous les maux qui affligent l'homme. Je serois tenté de croire que ce qui pourroit arriver de plus heureux, ce seroit quelque *cataclysme* générale, qui détruiroit la presque totalité de l'espèce humaine, afin que ceux qui en échapperoient eussent l'espérance de transmettre à leur postérité ce bonheur dont je ne vois point de perspective dans l'état actuel des choses. Ainsi, mon ami, ne vous donnez plus la peine de faire des esquisses de constitution. Vous pourriez vous exposer, vous et votre ami, à de grands désagrémens, à moins qu'on ne prenne ce prétendu conseil d'un ami, comme une fiction dont vous vous seriez servi pour excuser la liberté que vous avez prise, en vous mêlant de donner des leçons au peuple le plus éclairé de l'univers.

L'Auteur. Ce conseil de mon ami n'étoit pas une invention, quoique, je l'avoue, le grand nombre puisse le prendre pour tel. Mais je dois vous avouer que ce que vous avez avancé au sujet de la religion, me paroît fondé. Je suis forcé de reconnoître aussi la justesse de la conclusion que vous en avez tiré. Si cependant...,....

Le Royaliste. Pardonnez-moi, si je vous interromps, et si je vous empêche de continuer. Vous convenez qu'il faut absolument une religion au peuple. D'un autre côté, la religion naturelle est entièrement culbutée. De ces deux principes je conclus qu'à moins que vous n'ayez reçu du ciel une mission expresse, ce que sans doute vous n'affirmerez pas, toutes vos peines seront superflues. Bien plus, quand même vous auriez reçu du ciel une pareille mission, on ne vous en croiroit pas aujourd'hui en France. Ainsi, ce que vous pourriez dire sur cette matière, ne serviroit qu'à notre amusement, et nullement à notre bonheur. Vous êtes, dites-vous, absolument inconnu dans ce pays. Mais savez-vous, citoyen, que pour rappeler les Français à leurs devoirs et au bonheur, il faudroit un autre Pythagore; un homme versé dans toutes les connoissances utiles, connoissant parfaitement le cœur humain; un homme qui ait donné des preuves incontestables de sincérité et du plus pur désintéressement, et enfin, pour couronner le tout, joignant à tous ces avantages une éloquence entraînante et persuasive. Je ne sais pas même si un pareil homme réussiroit parmi nous. Jugez donc si vous y réussirez, vous qui n'avez pas ces talens, et qui de plus, parlez si mal notre langue, que l'on a beaucoup de peine à vous entendre.

L'Auteur. Je reconnois la vérité de tout ce que vous venez d'avancer, sur-tout pour ce qui concerne la sincérité et le désintéressement. Le peu d'expérience que j'ai eu, m'a démontré qu'à moins qu'on ne passe pour posséder ces vertus dans un degré éminent, tout ce qu'on peut dire n'aura que peu d'influence sur les dernières classes du peuple, c'est-à-dire, sur la presque totalité du genre humain. Je sais aussi que dès qu'on s'est fait une réputation à l'abri de tout soupçon, on attire facilement l'attention du peuple, et l'on fait sur son esprit une impression bien plus profonde que si, en manquant de ces qualités essentielles, on possédoit l'éloquence de Démostènes et tous les autres avantages que vous exigez. Les preuves de sincérité et de désintéressement que je puis avoir donné dans mon pays natal, ne me serviroient guères pour répandre mes principes dans celui-ci. Cependant, comme les Français, en général, possèdent la faculté de raisonner à un plus haut point que tout autre peuple que j'aie jamais vu, je ne désespère pas entièrement de réussir auprès d'eux, surtout quand je m'adresse à leur bon sens naturel, et quand je les invite, en jugeant mon système, à ne suivre que les principes de la raison, seul évangile invariable que le créateur nous ait donné.

Le Républicain. En introduisant la religion, vous entrez, ce me semble, dans une discussion tout-à-fait inutile. A mon avis, tous les prétendus bienfaits qui résultent d'une religion, peuvent également venir d'une bonne éducation, sans que nous ayons à craindre le fanatisme et la superstition dont elle est la source.

L'Auteur. Je ne suis nullement de votre opinion. La religion, c'est-à-dire, la croyance d'une vie à venir, est à mon avis, absolument nécessaire dans toute société civile ; car sans elle, il est impossible de prévenir une corruption totale de mœurs, à moins qu'on n'emploie des moyens violens, faits pour rendre insupportable au peuple, le joug du gouvernement républicain.

Le Royaliste. J'ai souvent entendu dire à un théologien de mes amis, fameux par ses connoissances presqu'universelles, que les écrits de nos scep iciens modernes ne faisoient pas tant de mal, en étendant le domaine de l'incrédulité, qu'en ôtant aux hommes le frein qui contenoit leurs passions, et en détruisant les principes

qui

qui dirigeoient leurs consciences. La preuve en est, en ce que la plupart de ceux qui ont été incrédules dans leur jeunesse, reviennent à l'ancienne religion sur le lit de mort, et plusieurs mêmes, à l'époque où l'expérience et la vieillesse ont amorti la fougue de leurs passions. Ils sentent tôt ou tard qu'on leur en a imposé avec des plaisanteries, des bons mots ou des fausses citations des livres sacrés. La mauvaise foi de nos philosophes modernes, démontre qu'ils n'ont cherché à plaire qu'aux ignorans et aux étourdis, et nullement aux amis sincères de la vérité. Mon théologien affirmoit de plus, que pas un d'eux n'a connu la religion qu'il attaquoit. Connoissant le monde aussi bien que les livres, il n'en dit pas davantage.. ..... A présent, oserai-je vous demander si vous connoissez la religion catholique ?

L'Auteur. Je ne la connois certainement pas dans tous les détails ; mais si l'on peut prouver que les fondemens ne sont pas assurés, l'édifice s'écroulera nécessairement.

Le Républicain. Etes-vous né catholique ?

L'Auteur. Non. Mes parens étoient de l'église anglicane.

Le Royaliste. Avez-vous passé long-tems dans le giron de cette église ?

L'Auteur. Jusqu'à l'âge de vingt-cinq ans, à-peu-près.

Le Républicain. Et c'est alors que vous devintes un incrédule ?

L'Auteur. Non vraiment ; ni pendant les quinze années subséquentes.

Le Républicain. Vous m'étonnez. Quoi ! vous restâtes chrétien jusqu'à l'âge de quarante ans ?

L'Auteur. Très-certainement ; car je n'avois pas cette vivacité de conception que j'ai si souvent admirée dans les jeunes-gens des deux sexes.

Le Royaliste. Vous êtes resté anglican , dites - vous , jusqu'à l'âge de vingt-cinq ans. Quelle foi avez-vous embrassée ensuite ?

L'Auteur. Celle des unitaires. Ceux-ci croyent que Jésus-Christ n'étoit tout simplement qu'un homme ; mais que sa venue avoit été prédite par les prophètes hébreux ; qu'il avoit eu une mission divine pour prêcher aux juifs l'évangile, c'est-à-dire, la croyance d'une vie future, et qu'à l'appui de cette mission , il avoit reçu du ciel le don des miracles. J'ai embrassé ces dogmes après avoir lu les écrits de *Théophile Lindsay* , et ensuite ceux du docteur *Priestley* sur la même matière. Je n'étois cependant pas assez stupide pour ne pas m'appercevoir que dans les écrits du docteur on ne voit nullement cette liaison qui devroit exister entre la religion naturelle et celle qu'on appelle *révelee.* Mais je m'imaginois que dans quelqu'ouvrage subséquent, il ne manqueroit pas de rétablir cet anneau de la chaîne, et qu'en attendant , je pourrois dissiper mes doutes à cet égard , en consultant les écrits du docteur *Lardner.* Menant alors une vie très-active, je n'ai pu exécuter ce projet que vers ma quarantième année, et ce n'a été qu'à cette époque de ma vie que j'ai eu le loisir de consulter cet auteur volumineux , que tout le monde en Angleterre , sans distinction de secte , regarde comme le plus exact, le plus impartial et le plus modéré de nos théologiens. Jugez donc de ma surprise , quand après l'avoir parcouru, j'ai trouvé qu'il n'y a pas dans le nouveau testament un seul livre dont l'auteur soit connu avec certitude, et que pour attribuer ces livres à ceux dont ils portent le nom, on n'avoit d'autre autorité que des *ouï-dire.* Je me décidai donc à me remettre à mon grec ainsi qu'à mon latin, pour voir si les premiers pères de l'église leveroient mes doutes. Mais mon étonnement n'en devint que plus grand encore, quand je découvris que

les dogmes de l'église romaine , dogmes que j'avois toujours appris à regarder comme des nouveautés, mêlées
avec le christianisme primitif par les partisans de la
puissance papale, avoient été expressément enseignés
par les premiers successeurs des apôtres , ou , comme
on dit , par les pères *Aute Nicéens* , bien que jusqu'alors
je les eusse regardés tous comme inventés postérieurement au concile de Nicée. Quoiqu'il en soit , je fis part
de cette découverte à quelques amis fort instruits , qui
convinrent de bonne foi que ces dogmes , qui avoient
occasionné la séparation des protestans d'avec les catholiques , avoient été enseignés par les pères ante-Nicéens ;
mais ils m'observèrent que le vrai christianisme se per-
dit à l'époque de la mort de Saint-Jean , dernier des
apôtres. Quand des théologiens chrétiens ont recours à
de pareils subterfuges , il est évident que la vérité n'est
pas l'objet de leurs recherches , et par conséquent , que
ce qu'ils avancent , ne mérite aucunement notre attention. Mais ce qui me surprend encore, c'est qu'aucun catholique que j'aye vu, ou dont j'aye entendu parler, n'ait
pas profité d'un si faux argument. Un partisan du catholicisme n'auroit qu'à nier tout rondement que St.-Jean
ait été le dernier des apôtres , et je défie quelque protestant que ce soit , de prouver le contraire , autrement que
par un *ouï-dire*. Le catholique pourroit d'ailleurs retor-
quer sur le protestant l'argument dont ce dernier fait
son principal appui. « Pourquoi , pourroit-il lui dire ,
admettez-vous la tradition pour ce seul fait , pendant
que vous la rejetez pour les articles qui ont causé votre
séparation d'avec l'église romaine ? » Je ne vois pas
quelle réponse un protestant pourroit faire à cet argument. Bien plus , on pourroit même avancer que tous
les apôtres n'étoient pas encore morts. Et remarquons ici
en passant, quoique nous ne nous en appuyons pas, qu'il
existe une secte qui croit , si je ne me trompe , que tous

les apôtres ne sont pas morts ; mais qu'un d'entr'eux vivra jusqu'à la seconde venue du messie ; et cette opinion , elle la fonde sur quelques-unes des dernières paroles de Jésus-Christ. Quoiqu'il en soit , dire que le vrai christianisme s'est perdu immédiatement après la mort du dernier des apôtres, c'est avancer une chose tellement incroyable , que sans une prophétie des plus expresses, on ne devroit pas y ajouter foi , sur-tout quand ces messieurs avouent que les miracles n'ont pas cessé avec l'âge apostolique, car ce seroit dire alors que des miracles peuvent venir à l'appui du mensonge, ce qui est absurde. Mais, en lisant les ouvrages de Saint *Irenée*, j'ai rencontré un passage qui ne m'a pas peu étonné. (1)

---

(1) *Omnes enim venit per semet ipsum salvare : omnes , inquam , qui per eum renascuntur in Deum , infantes et parvulos et pueros et seniores. Ideo per omnem venit ætatem, et infantibus infans factus , sanctificans infantes ; in parvulis parvulus , sanctificans hanc ipsam habentes ætatem , simul et exemplum illis pietatis effectus et justitiæ et subjectionis : in juvenibus juvenis , exemplum juvenibus fiens et sanctificans Domino : sic et senior in senioribus , ut sit perfectus magister in omnibus , non solum secundum expositionem veritatis sed et secundum ætatem, sacrificans simul et seniores exemplum ipsis quoque fiens. --- Quam (ætatem seniorem) habens dominus noster docebat, sicut evangelium et omnes seniores (πρεσβευτεροι) testantur , qui in Asia apud Johannem discipium domini convenerunt , ut ipsum tradidisse eis Johannum. Permansit autem cum eis usque ad Trajani tempora.*

Quidam autem corum non solum Johannem sed et alios apostolos viderunt et hæc eadem ab ipsis audierunt et testantur de hujusmodi relatione. (St. Irenée , l. 2 , ch. 22, p. 147 , Ed. Bened.)

Il y est dit expressément que Jésus-Christ étoit un *vieil-lard* (*senior*) quand il commença ses prédications , et de plus il cite l'autorité , non seulement de l'évangile , mais aussi de tous les évêques qui s'assemblèrent avec Saint-Jean , quand celui-ci les en assura. Mais l'évangile , bien loin d'enseigner ce qu'avance Saint-Irénée , enseigne directement le contraire , et tous les évangiles qui existent sont d'accord sur ce point. Or , je le demande , ne vaut-il pas mieux s'en rapporter au témoignage irrécusable de Saint Irénée , dont la vérité et le savoir sont universellement reconnus , et qui de plus étoit natif des contrées voisines de la Judée , où il a demeuré jusqu'après sa trentième année; ne vaut-il pas mieux , dis-je , s'en rapporter à son témoignage qu'à l'opinion commune concernant l'âge qu'avoit Jésus-Christ à l'époque de son supplice , opinion qui n'est appuyée que sur l'évangile , dont on ne connoît pas les au-

---

« Car il est venu pour sauver tous par lui-même. Je dis tous ceux qui par lui renaissent en Dieu , les enfans , les jeunes-gens et les vieillards ; car il est venu pour tout âge , devenu enfant pour les enfans , sanctifiant les enfans ; devenu petit pour ceux qui étoient petits , sanctifiant ceux qui avoient cet âge , et devenu pour eux un exemple de piété , de justice et de soumission ; il étoit jeune pour les jeunes-gens , et s'est rendu un exemple pour eux , en les sanctifiant dans le seigneur. De même il étoit vieillard pour les vieillards , afin qu'il fût un maître parfait pour tous , non-seulement pour leur enseigner la vérité suivant leur âge , mais aussi pour sanctifier à-la-fois les vieillards et leur donner un exemple...... Or , le Seigneur ayant lui-même cet âge , (*la vieillesse*) , a enseigné ce qu'attestent l'évangile et tous les anciens de l'église , qui s'assemblèrent en Asie chez Jean , disciple du Seigneur. C'est ce qu'a transmis Jean lui-même qui est resté avec eux jusqu'au tems de Trajan. Plusieurs d'entr'eux ont vu non-seulement Jean , mais aussi d'autres apôtres. Ils ont entendu de leur bouche les mêmes choses , et ils en rendent témoignage. »

teurs. De plus, l'évangile attribuée à Saint - Luc dit, ch. 3, v. 1, que Jésus, quand il commença à prêcher, entroit dans sa trentième année, ce qui est en contradiction manifeste avec ce qu'affirme St. Irénée. Il dit de plus que Jésus-Christ avoit cet âge dans la quinzième année de Tibérius César, ce qui est également en contradiction avec l'évangile de Saint-Mathieu. Celui-ci dit qu'Hérode fit massacrer dans la Judée tous les enfans au-dessous de l'âge de deux ans, et quoiqu'il ne fasse pas mention du tems que ce prince a régné après un pareil acte de barbarie, il est évident qu'à cette époque Jésus-Christ a dû avoir près de deux ans. En effet, Jean-Baptiste a dû avoir alors cet âge, autrement il auroit été compris dans le massacre, et Jesus n'avoit que six mois moins que lui. Ajoutons ensemble ces deux ans et le reste du règne de Hérode, reste qui a dû être d'une certaine longueur, puisque Joseph avoit fui en Egypte par peur de ce prince. Ajoutons-y de plus les trente ans écoulés entre la mort de Hérode et la quinzième année du règne de Tibère, et nous verrons alors que Jésus-Christ étoit dans sa trente-deuxième ou trente-troisième année, au lieu de la trentième, comme Saint-Luc l'affirme. Mais pour s'accorder avec les prophéties, il auroit dû naître sous le règne d'Hérode. Ainsi Saint-Luc, non-seulement est en contradiction avec Saint-Mathieu, mais il ne s'accorde pas avec les prophéties. Cependant, tousles pères Anté-Nicéens s'accordent à dire que Jésus-Christ est né dans la dernière année de Hérode Or, ceci est en contradiction avec ce que les évangiles rapportent concernant Jean-Baptiste, en disant qu'il avoit six mois de plus que Jésus. Dans cette supposition, Jean-Baptiste ne pouvoit se soustraire au massacre, attendu qu'alors il auroit dû avoir moins de deux ans, et qu'on ne pouvoit cacher sa naissance, vu les circonstances presque miraculeuses dont on prétend qu'elle étoit accompagnée,

Réfléchissant sur ces contradictions et tant d'autres, qni se trouvent dans les évangiles ; n'y voyant que des mœurs et des usages grecs et romains , au lieu de judaïques ; la couronne d'épines et les robes de pourpre qui y sont représentées comme emblêmes de la royauté, bien que la couronne n'ait eu cet usage que sous l'empereur Dioclétien , deux cent cinquante ans après cette époque ; m'étant apperçu de plus que le testament grec , qu'on affirme être l'original , n'est en plusieurs endroits qu'une traduction du testament latin, et que dans l'un et dans l'autre il est facile de reconnoître le grec et le latin des quatrième et cinquième siècles , réfléchissant, dis-je, sur toutes ces circonstances , je n'ai pas eu de peine à me convaincre, avec le manichéen Faustus, cité par Saint-Augustin, que les livres du nouveau testament ont été composés long-tems après la mort de ceux dont ils portent les noms, et que ces noms n'y ont été mis que pour leur attirer plus de crédit.

Le Royaliste. Comment avez-vous pu donc vous faire la singulière idée que les écrits des pères apostoliques et *ante nicéens* étoient des compositions *post-nicéénes* ?

L'Auteur. Je me suis apperçu que ces pères connoissoient bien le mystère exprimé par ces mots : *Trinité en unité, et unité en trinité*

Le Républicain. Quoi ! L'on m'a toujours dit que ces phrases renferment un mystère, et par conséquent on ne peut les expliquer ?

L'Auteur. Je ne prétends pas qu'on puisse les expliquer. Je dis seulement que le mystère qu'elle renferme étoit connu des auteurs de ces écrits.

Le Républicain. Veuillez bien nous expliquer ce qu'elles veulent dire ?

L'Auteur. Cette façon de parler fut inventée , comme tous les catholiques l'avouent , par Saint - Athanase, pendant la tenue du concile de Nicée , ou quelque tems auparavant. C'étoit un symbole par lequel celui qui l'a-doptoit se déclaroit membre de la vraie église catholique, et n'être ni Sabellien, ni Arien. L'hérésie des Sabelliens consistoit à croire que les hypostases du Père, du Fils et du Saint-Esprit n'étoient pas trois hypostases distinctes et séparées, mais bien une seule et unique hypostase, ou *ousia*. Les catholiques soutenoient, au contraire, qu'elles étoient distinctes et separées, mais cependant de manière à former un seul *ousia*. Ainsi, quand un catholique disoit, *je crois à la trinité en unité*, c'est comme s'il déclaroit qu'il croyoit à l'existence de trois hypostases dans un *ousia*. L'erreur des Sabelliens consistant en ce qu'ils détruisoient les trois hypostases, en soutenant qu'elles se *touchoient* l'une et l'autre dans l'ousia, de la même manière que trois gouttes d'eau cessent d'en faire trois dès qu'elles se touchent. *Hypostase* et *ousia* sont deux termes absolument synonimes. L'un et l'autre signifient *substance*, *substratum*, ou ce qui sert de *soutien* aux qualités. Mais pour éviter une contradiction manifeste, on n'appliquoit le dernier qu'aux trois hypostases prises conjointement ; car, dire que *trois hypostases ne faisoient qu'une seule hypostase*, auroit été une absurdité trop évidente. C'est pourquoi les catholiques, pour se tirer de cet embarras, disoient que les trois hypostases ne faisoient qu'un ousia. Ainsi, par ce changement de terme, la contradiction devint moins palpable. De même quand les catholiques déclaroient qu'ils croyoient à l'*unité en trinité*, c'étoit ne reconnoître qu'un seul *ousia* dans les trois hypostases du père, du fils et du saint-esprit, et non pas trois ousia, comme faisoient les Ariens, qui séparoient trop l'une de l'autre les trois hypostases, et que les catholiques représentoient, par conséquent, comme partisans du polythéisme.

Le Républicain. Ainsi, ces façons de parler n'ont été inventées que pour cacher une contradiction évidente ;

car ,

(25)

car, ou les hypostases se touchent, ou elles ne se touchent pas. Si elles se touchent, elles ne sont certainement qu'une; si elles ne se touchent pas, elles sont évidemment trois. Ainsi, pour éviter la force de ce dilemme, ils maintenoient que les hypostases se touchent et ne se touchent pas; qu'elles sont à-la-fois séparées et non-séparées, ou pour m'exprimer plus clairement, c'étoit une espèce de contact sans contact, une séparation sans séparation. Vous aviez donc raison de dire que cette façon de parler est inexplicable, c'est-à-dire, qu'il est impossible de donner des idées distinctes de ce mystère. J'entends cependant assez clairement la force de ces façons de parler.

Le Royaliste. Etes-vous bien sûr de ce que vous avancez. Ces termes se rencontrent souvent dans les livres de théologie, mais je ne me souviens pas de les avoir jamais vu expliquer.

L'Auteur. Ni moi non plus. Mais tous les théologiens catholiques que j'ai lus, m'ont paru entendre ces façons de parler de la même manière que moi; je veux dire ceux qui ont publié des ouvrages savans depuis l'époque où le *Auctarium Theodoreti Cyrensis Episcopi* du très-docte Jean Garnier est connu du public. Dans cet ouvrage, ainsi que dans l'édition de *Marius Mercator*, par le même auteur, le sens de ces phrases et de plusieurs autres termes mystérieux, peut être aisément deviné, bien qu'on l'ait jusqu'alors regardé comme inexplicable. Les savans catholiques mêmes, qui ont précédé cette époque, ne les ont pas entendus, ce dont tous les gens instruits se convaincront, d'après les différentes manières dont on a expliqué les pères de l'église, tant avant qu'après la mort de Garnier. Les écrivains protestans, du moins ceux qui me sont passés par les mains, n'ont nullement entendu, à ce qui me paroît, le vrai sens de ces phrases, et je dois dire la même chose

D.

des laïcs de l'église romaine. Mais je vais vous citer un fait qui, si vous le croyez, suffira pour éloigner les doutes qui pourroient vous rester, concernant le sens que j'ai donné à ces façons de parler. Me trouvant à Dublin, il y a environ huit ans, j'allai voir un catholique de mes amis. Comme il ne se trouvoit pas chez lui, je m'amusai en attendant son retour, à parcourir les essais du père O'Leary, prêtre catholique très-populaire. Dès l'arrivée de mon ami, je lui observai qu'O'Leary avoit de l'esprit, mais qu'il n'étoit pas d'un catholicisme bien orthodoxe. Mon ami n'étant pas un savant, ne voulut pas me contrarier, mais cependant il parut douter de ce que je venois d'avancer. J'étois loin d'approuver la légèreté qu'on rencontre dans les ouvrages de cet écrivain, qui jouissoit d'une certaine célébrité auprès de mes compatriotes superficiels, et peut-être à cause de cette légèreté même. C'est pourquoi je ne pus m'empêcher de faire les mêmes observations toutes les fois que ses écrits devinrent en ma présence un sujet de contestation. Cependant, mes opinions à cet égard, quoique j'eusse la réputation d'être passablement instruit sur les questions de cette nature n'étoient accueillies qu'avec méfiance.

Jugez cependant de la surprise qu'ont dû éprouver mes scepticiens, en voyant dans les papiers publics, deux ou trois mois après cette époque, une condamnation formelle de la doctrine du père O'Leary, condamnation prononcée par l'archevêque catholique de Dublin. Après ce tems, vous concevez bien que j'ai été regardé comme possédant des connoissances plus qu'ordinaires en fait de théologie. Mais ce n'est pas seulement dans les écrits d'O'Leary que j'ai apperçu cette ignorance des vrais principes de la foi catholique. Je l'ai apperçue aussi dans les ouvrages de M. Berrington, théologien catholique en Angleterre, et qui a publié une vie d'Héloïse et d'Abeilard et une histoire de Henri II, roi d'Angleterre. D'après ce que je viens de mentionner, et d'après les conversations que j'ai eues avec quelques savans catholiques, dont l'un étant évêque, a dû être initié dans tous ces mystères et dans plusieurs autres de la même nature, tel que l'*union hypostatique*, etc. je suis porté à croire que ce n'est qu'avec les plus grandes précautions qu'on les confie, même aux prêtres, et je crois fermement que ces importans secrets n'ont jamais été confiés aux laïcs. Qui plus est, je suis persuadé que dès les premiers siècles du christianisme, l'église catholique s'est fait un devoir principal de les cacher. En effet, quoique ces mystères, ainsi que ceux de l'union hypostatique, ayent été bien connus du laïc Marius Mercator, cependant, d'après les premiers écrits de cet auteur, comparés avec les derniers, il est évident qu'il n'est parvenu à en acquérir la connoissance que par ses propres recherches, et qu'on ne la lui avoit pas communiquée. Ce qui en paroît être une preuve évidente, c'est la *contestatio*, ou attestation solemnelle que faisoient ceux qui recevoient le livre (1). Maintenant qu'on ne

---

(1) *Contestatio pro iis qui librum accipiunt.*

1. Itaque Jacobus, lectâ epistolâ, convocavit presbiteros ; cùmque illis legisset, ait : necessario et congruenter de veritate stabiliendâ noster admonuit Petrus, ut prædicationum suarum nobis missos libros nemini temerè concedamus, tantum viro bono et religioso, quique docere vo̓uerit, ac sit fidelis circumcisus ; eosque non cunctos simul ; quó, si in prioribus improbus inventus fuerit, posteriores in fidem suam non accipiat ; quare non minùs sex annis comprobetur : sicque postea, secundùm Moysis institutionem, qui libros traditurus est adducat eum ad flumen aut fontem ; quod est aqua viva, ubi justorum fit regeneratio ; et non quidem ad

m'objecte pas que cette attestation, ou serment, se trou-

---

jusjurandum adigat, quoniam non licet; sed jubeat ipsum adstare juxtà aquam, et contestari; sicut et cum
renasceremur, jussi fecimus, nos non peccaturos.

2. Dicat autem : testes habeam, cœlum, terram,
aquam, quibus omnia continentur; atque insuper his
omnibus aerem quoque qui universa pervadit, ac sine
quo non respiro; quod semper obediens ero illi qui hos
meos prædicationum libros largitur; quodque hos meos
libros, quos mihi dederit, nemini ullo pacto tradam,
non scribam, non scriptos dabo, non scripturo dedam;
non ipse, non per alium, nec per aliam quamdam ra-
tionem, vel fraudem vel machinam; aut indiligenter
custodiam, aut aliquid addam, aut adulterabo; aut alio
quocumque modo vel consilio, ea scripta alteri con-
cedam. Nisi si aliquem probavero dignum, quemadmo-
dum ipse judicatus sum, vel adhuc magis probavero,
certè non minus annis sex : tunc pio et bono docendi
munus capessenti, sicut accepi tribuam; idque ex episcopi sententiâ faciam.

3. Aliter neque si filius sit, aut frater, aut amicus,
aut alio quolibet modo ad genus meum pertinens, si in-
dignus extiterit; eorum ergo non tradam, utì non decet.
Nec verò insidias formidabo; non muneribus deliniar.
Sed et si aliquando, donata mihi prædicationum volu-
mina, non esse vera mihi videbuntur, neque sic largiar,
sed reddam. Cum autem peregrè profectus fuero, ipsa
portabo mecum, quæcumque possedero. Quod si no-
luerim ea mecum circumferre, in domo meá esse non
permittam; sed episcopo meo, eamdem fidem profitenti,
et ab iisdem proficiscenti commendabo. Si verò conti-
gerit me ægrotare, ac mortem vereri, si absque liberis
fuero, similiter agam. Sed et si moriar, filium habens
indignum, aut nondum capacem similiter faciam. Sci-
licet committam meo episcopo, ut si puer adultus, fide
dignus fuerit, ille tamquam paternum depositum filio
reddat, juxta modum contestationis.

4. Quod autem ita facturus sum, iterum secundò con-
testor, cœlum, terram, aquam, quæ omnia complec-
tuntur; insuperque his omnibus, cuncta pervagantem

vant placé dans les écrits des peres apostoliques, ne peut

---

aerem, sine quo non respiro, quod perpetuo obtempe-
rabo ei, qui libros meos prædicationum tribuit ; et ob-
servabo secundùm universa quæ contestatus sum, aut
adhuc magis. Itaque mihi pacta servanti, pars erit cum
sanctis : agenti vero contra ea quæ pactus sum, inimica
sit mihi rerum universitas, et cuncta peragrans æther,
quique est super omnia Deus, quo melior, quo major
nullus. Si etiam in suspicionem veniam alterius dei,
hunc quoque nunc juro me aliter non acturum, sive
ille exsistat, sive non exsistat. Ad hæc omnia, si fallam,
ero exsecrandus, vivens et mortuus, atque æterno pu-
niar supplicio. Et post hoc panem ac sal cum largitore
sumat.

Patres apostol. tom. I , *p.* 609. *Ed. Amstel* 1724.

Attestation solemnelle faite par ceux qui reçoivent le livre.

1. Ainsi, Jacques ayant lu l'épître, convoqua les anciens, et après leur en avoir donné lecture, il leur dit :
« Ce n'est pas sans des raisons convenables et nécessaires
pour l'établissement de la vérité, que notre ami Pierre
nous a conseillé de ne confier témerairement les livres
de ses prédications qu'il nous a envoyées, qu'à un
homme bon, religieux, qui veuille les enseigner, et
qui soit un fidèle circoncis, et de ne pas les confier tous
à-la-fois ; afin que s'il se trouve quelqu'un qui, après
avoir reçu les premiers volumes, se rende indigne de
cette marque de confiance, on ne lui confie pas les volumes suivans. Ainsi, on soumettra le récipiendiaire à
une épreuve de six ans au moins ; ensuite, celui qui doit
lui confier les livres, le conduira, convenablement aux
institutions de Moyse, à une riviere ou à une fontaine
où il y ait de l'eau vive, et où se fait la régénération des
justes. Là, il ne lui administrera point de serment,
puisque cela est défendu ; mais il le fera tenir de-
bout et faire une attestation solemnelle, de la même
nature que celle que nous avons faites lors de notre ré-

se rapporter qu'à ce qui a précédé le concile de Nicée,

génération, quand nous avons contracté l'obligation de ne plus pécher. La voici :

2. « J'atteste le ciel, la terre et l'eau, qui renferment toutes choses, ainsi que l'air qui pénetre par-tout et sans lequel je ne peux respirer, que je serai toujours obéissant envers celui qui m'a confié ces livres des prédications ; que je ne livrerai à qui que ce soit, et sous quelque prétexte que ce soit, ces mêmes livres qu'il m'a confiés ; que je n'en ferai point de copie ; que je n'en donnerai de copie à personne, et que je ne permettrai pas qu'on en fasse ; que je ne ferai point ces choses, ni par moi-même, ni par le moyen d'autrui, ni par quelque raison, fraude ou subterfuge que ce soit ; que je ne les garderai pas négligeamment ; que je n'y ajouterai ni ne changerai rien ; que je ne donnerai ces écrits à personne, de quelque maniere ou d'après quelque conseil que ce soit, à moins que je ne trouve un homme digne, comme je l'ai été jugé moi-même, et que je ne l'aie soumis à une épreuve au moins aussi forte que celle à laquelle on m'a soumis, et qui ait duré six ans au moins. Si je trouve un pareil homme, bon, pieux, et exerçant les fonctions de l'instruction, je lui confierai les livres comme on me les a confiés, mais non sans l'avis et le consentement de mon évêque ».

3. « De plus, si j'ai un fils, ou un frère, ou un ami, ou enfin une personne appartenant de quelque maniere que ce soit à ma famille, et que ce fils, frere, etc. soit une personne indigne de confiance, je ne lui confierai point ces livres. Je ne craindrai point les ruses, je ne me laisserai pas gagner par les présens. Si ces livres de prédications ne me paroissent pas vrais, je ne les montrerai pas, mais je les rendrai. S'il m'arrive de voyager, je porterai avec moi tous ceux qui se trouvent dans ma possession. Si je ne peux les porter avec moi, je ne les laisserai pas dans ma maison, mais je les confierai à mon évêque, s'il professe la même foi que moi, et qu'il tienne ses pouvoirs de ceux qui professent la même foi. Je ferai de même s'il m'arrive de tomber malade au point de craindre la mort. Si j'ai un fils

et par conséquent qu'elle milite fortement contre mon induction. Cet argument, dis-je, ne vaut rien contre moi qui, pour les raisons déjà alléguées, suis persuadé, qu'aucun écrit attribué aux pères apostoliques ou anté-nicéens ayent existé avant le concile de Nicée. D'ailleurs, celui qui me fera cette objection sera toujours soumis à l'obligation d'indiquer à quel livre ou à quel objet, autre qu'à celui que j'ai assigné, se rapporte une déclaration si solennelle, et je doute beaucoup que le christianisme y gagne grand chose.

Le Royaliste. Je suis persuadé que c'est à ces mystères que mon ami faisoit allusion, quand il parloit de l'ignorance des ennemis du christianisme, et j'attribue à la même cause le silence qu'il a gardé là-dessus. En effet, il paroît que si on vouloit redresser les fausses idées

---

indigne de cette confiance, ou qui ne soit pas encore en état, je ferai de même, c'est-à-dire que je remettrai les livres à mon évêque, qui, si mon fils, parvenu à l'âge convenable, se montre digne, les lui remettra comme un dépôt paternel et suivant la formule d'usage ».

4. « Je ferai toutes ces choses et j'atteste pour la seconde fois le ciel, la terre et l'eau qui embrassent toutes choses, et l'air qui pénètre par-tout, et sans lequel je ne peux respirer, que j'obéirai à jamais à celui qui m'a donné les livres des prédications, et que je ferai tout ce que j'ai promis et encore davantage. Ainsi, en remplissant mes engagemens, j'aurai part au bonheur des saints, et si je les viole, puissé-je avoir pour ennemis, toutes les choses qui existent, l'air qui environne tout, dieu qui est au-dessus de tout, le meilleur et le plus grand de tous les êtres. S'il me vient même à soupçonner l'existence d'un autre dieu, je jure ici par ce dieu que je n'agirai pas autrement, soit qu'il existe, soit qu'il n'existe pas. Si je manque à cet engagement, en tout ou en partie, je me voue à l'exécration, vivant et mort, et puissé-je être puni d'un supplice éternel ! » Après avoir prononcé cette formule, qu'il prenne le pain et le sel avec celui qui lui remettra ces livres.

qu'ils ont eues au sujet du christianisme , on ne feroit que leur prêter des armes infiniment dangereuses contre cette croyance ; car il n'y a rien de plus ridicule et de plus absurde que le mystere de la trinité , tel que vous l'avez expliqué.

L'Auteur. Et moi , j'attribue son silence à une autre cause , savoir : De ce cette découverte [car c'en étoit une , et les catholiques eux-mêmes doivent l'avouer , en se voyant obligés d'expliquer d'une nouvelle maniere les peres de l'église] , il s'ensuit que quoique les portes de l'enfer , ainsi qu'il est assuré dans l'ecriture sainte , ne puissent jamais prévaloir contre la vraie foi catholique , cependant , celles de l'ignorance ont certainement prévalu contr'elle , et ainsi la prophétie est fausse. Donc la prétendue infaillibilité de l'église catholique , en matiere de foi , est illusoire , et l'édifice construit sur ce fondement s'écroule. Les catholiques eux - mêmes ne pourront contester cette vérité , à moins qu'ils n'inventent d'autres raisons plausibles pour rendre compte des différentes manieres dont on a expliqué les anciens peres grecs , tant avant qu'après Jean Garnier.

Le Républicain. Votre raisonnement est juste. Mais je présume que les Catholiques Iriandais n'ont pas dû voir de bon œil que vous ayez ainsi pénétré dans leur *santum sanctorum.*

L'Auteur. Au contraire , j'ai joui de leur confiance au suprême degré. Je devois leur plaire d'abord en les assurant , moi qui avois été né et éleve dans la religion protestante , que s'il y avoit quelque chose de vrai dans le christianisme , c'étoit dans leur secte qu'on le trouvoit. Cette franchise de ma part devoit leur plaire , d'autant plus qu'ils savoient bien que pour avoir à mes ordres tous les catholiques d'Irlande , je ne me serois pas écarté d'un *iota* de ce que j'aurois regardé comme mon devoir. Ils concluoient par conséquent que mon opinion

à ce

à ce sujet n'étoit que le résultat des recherches que j'avois faites de bonne foi.

Le Républicain. Leur aviez-vous donné en effet quelque preuve de bonne foi à ce sujet ?

L'Auteur. Il y a environ dix-sept ans ; si je ne me trompe ; que le marquis de Buckingham fut nommé pour la seconde fois vice-roi d'Irlande. Sa femme étant catholique, les catholiques irlandais en conçurent les plus belles espérances, et comptant déjà sur l'accomplissement de leurs justes souhaits, ils se mirent en campagne pour faire envoyer à ce seigneur des adresses de félicitation, par tous les grands jurés aux Assises, qui se tinrent quelque tems après sa nomination. Les gentilshommes protestans, qui cherchoient des places et des pensions, voulurent aussi profiter de l'occasion et par conséquent se joignirent de bon cœur aux catholiques. La conséquence de cette coalition fut qu'aux premières assises de chaque *circuit* des adresses de félicitation passèrent unanimement. Une adresse de cette nature devant être proposée dans le grand jury du comté de Longford, jury dont j'étois membre, je m'y opposai de toutes mes forces ; non que j'eusse une idée désavantageuse du marquis de Buckingham ; car on savoit que j'étois moi-même un peu prévenu en sa faveur, mais je m'étois toujours fait un principe de ne jamais consentir à de pareilles adresses, qu'on n'eût d'abord obtenu les grâces qu'on en attendoit. Je n'avois jamais vu rassemblé aux assises, un si grand nombre de personnes respectables ; car ces motifs intéressés y avoient amené plusieurs qui n'y seroient pas venus purement pour servir leur patrie. Je m'opposai à cette adresse avec tant de succès, que ceux qui l'avoient proposée jugèrent à propos de la retirer. Ce même soir, cependant, deux ou trois des plus respectables d'entre les catholiques, passèrent chez moi,

E

et me prièrent , mais en vain , de ne plus m'y opposer. Ainsi, l'adresse tomba et l'on n'en parla plus. Mais l'affaire n'en resta pas là. Les hommes de loi qui vont d'assises en assises, annoncerent par-tout que cette grande manœuvre avoit été déjouée par les efforts d'un individu aussi peu important que je l'étois, et en conséquence, j'appris bientôt que les adressesde la même nature échouerent par-tout où on les présenta. Quoi qu'il en soit, l'opposition que j'avois fait naître fut justifiée par l'événement, car le marquis n'accorda aux catholiques aucune des graces qu'ils attendoient de lui, et pour lesquelles ils avoient eu si fortement envie de lui présenter d'avance des adresses de remerciment.Observez de plus que peu de tems auparavant, pour me faire compliment, j'avois été élu capitaine d'un corps de volontaires catholiques , au préjudice des plus anciens officiers, ce qui m'en donnoit le commandement , attendu l'absence du colonel. Pour avoir accepté ce grade, je fus sur le point d'être chassé d'un corps de volontaires protestans dont j'étois aussi membre. Ces derniers en auroient même agi plus mal avec moi, s'ils avoient pu, tant étoit forte la bigoterie qui dominoit alors nos gentilshommes. Mais je ne craignois point les suites de leur inimitié. Cependant, il ne faut pas vous imaginer que c'est par deux ou trois actions isolées qu'on peut acquérir la confiance de ses concitoyens. On ne peut l'acquérir que par une marche invariable vers ce but, et un désintéressement parfait , toutes les fois que nos propres intérêts se trouvent en opposition avec le bien général. Il faut de plus que le peuple soit convaincu que vous avez les talens et les moyens de le servir utilement. Je vais maintenant vous donner une preuve forte , ou pour mieux dire très-extraordinaire , de mon influence sur les catholiques irlandais, influence que je crois devoir attribuer en quelque façon, aux événemens dont j'ai déjà parlé , ainsi qu aux connaissances théologiques qu'on me supposoit. J'ai succédé , il y a environ six ans, à mon frère , dans l'exploitation d'une ferme très-considérable , située vers le centre de l'Irlande. Il régnoit contre moi une prévention d'autant plus forte, que mon frere étoit généralement regretté , ayant joui de la plus haute considération , tant à cause de la justesse de son esprit que de l'honneur et de la délicatesse qu'il mettoit dans tous ses procédés , et parce qu'à quelques connoissances en agriculture il joignoit une grande douceur de caractere et les manieres d'un homme parfaitement bien élevé. Comme je venois d'arriver de Londres, les voisins craignoient que je ne les offensasse par cet air impertinent et avantageux que donne souvent le séjour de la capitale. J'avois auprès d'eux la réputation très-peu méritée d'être un savant, et en Irlande les savans ont rarement le sens commun. Ils avoient appris aussi que j'étois un républicain décidé , ce qui ne pouvoit leur plaire , attendu qu'ils penchoient plutôt du côté opposé , et enfin , ce qui devoit me perdre entierement dans leur esprit , je passois pour un esprit fort, qui ne croyoit point au christianisme. Cependant, malgré toutes ces préventions qui régnoient contre moi , je me conduisis de maniere qu'en moins de trois mois, tous mes voisins me traitoient en frere , et que les pauvres mettoient leurs enfans sur leurs genoux, pour me couvrir de bénédictions , quand je passois devant leurs chaumieres.

Le Républicain. En trois mois ?

L'Auteur. En trois mois.

Le Républicain. C'est vraiment étonnant. Par quels moyens avez-vous détruit sitôt leurs préjugés ?

L'Auteur. Je leur fis sentir qu'on m'avoit peint à leurs yeux sous de fausses couleurs , et que bien que je ne fusse pas chrétien, ma conduite étoit irréprochable. Quant aux pauvres, ils ne tarderent pas à voir que mes pensées étoient constamment employées à inventer quelque moyen de soulager leur misere. Le pas le plus effiçace que je crus pouvoir faire vers ce but, ce fut d'abord de porter le salaire de mes ouvriers de 16 s. par jour à 20, bien que je fusse loin d'être le plus riche dé ceux qui en employoient. C'est pour m'en témoigner leur reconnoissance qu'ils faisoient venir à leurs portes leurs petits enfans, pour invoquer sur moi les bénédictious du ciel. Quelque tems après, je fis la proposition à mes ouvriers de travailler les dimanches. Ils l'accepterent, mais à condition qu'ils ne recevroient point de salaire, attendu que par ce moyen ils croyoient éviter le péché. Je rejettai cette condition, et après quelque tems, ils convinrent de travailler pour de l'argent, et ainsi, ils braverent tout le feu de l'enfer pour me plaire. Notez qu'en Irlande les pauvres ne sont pas si éclairés qu'en France, et qu'ils croyent fermement à des peines éternelles dans une vie à venir.

Le Républicain. Ce que vous dites est très-extraordinaire. C'est à peine croyable.

L'Auteur. Cela peut être, mais cependant je ne vous en ai pas moins dit la vérité. Mon plus proche voisin, *Richard Vickars* de Lavally, beau-frere du banquier *Pierre Latouche*, ainsi que M. *Flood*, juge de paix, et M. *Jacob*, docteur en Médecine, également mes voisins, vous l'attesteront, si jamais vous allez en Irlande.

Le Républicain. Ce que vous dites est inconcevable.

L'Auteur. J'avoue que cela n'est guères concevable pour ceux qui habitent principalement les grandes villes, et je ne vous en ai fait mention que dans l'espérance que votre gouvernement ne regarderoit pas mon plan comme une chose purement idéale, mais bien comme un projet qu'on a déjà exécuté en partie. Votre gouvernement y verra également, du moins je l'espere, que si on le met en exécution, il fera non-seulement le bonheur de l'ét at, en arrachant à la misère tous ceux qui souffrent aujourd'hui; mais aussi qu'il rendra riches ceux qui ne le sont pas Mais, ce qui est d'une plus grande importance encore, il ébranlera jusqu'aux fondemens les trônes de vos ennemis, en ouvrant les yeux à leurs peuples, ou plutôt à leurs esclaves, qui ne se laisseront plus tromper par de vains sophismes. Les trônes de tous les tyrans s'écrouleront ; car certainement les bonnes nouvelles du bonheur qui régnera en France, retentiront dans tous les pays, et par-tout les cœurs des pauvres s'élanceront vers les Français, qu'ils attendront comme leurs libérateurs, parce que ceux-ci, au lieu de leur porter la famine et la désolation, comme ci-devant, feront naître, par tout où ils passeront, l'abondance et les bienfaits de toute espèce. Vous observerez que mes voisins, quoique gentilshommes campagnards, et nullement accoutumés à des réflexions profondes, ne tarderent pas à se convaincre des avantages qui résulteroient en Irlande, pour les habitans de toutes les classes, si la main-d'œuvre venoit à augmenter de prix par tout le royaume. N'est-ce pas une vérité évidente, pour les esprits même les plus bornés, qu'augmenter la valeur du travail des pauvres, c'est le seul moyen de déraciner l'oisiveté e tous les vices qui l'accompagnent, et de donner de l'énergie à l'ame aussi bien que des forces au corps ? Cette popularité que j'avois acquise en si peu de tems, ne s'est pas bornée au district que j'habitois. Les habitans de trente ou quarante milles à la ronde, quand il m'arrivoit de passer chez eux, me prodiguoient les mêmes témoignages d'intérêt et d'affection. Qui plus est, quand quelqu'uns des miens alloient à cette distance pour acheter des bestiaux dans les foires, le petit peuple leur faisoit, à cause de moi, toutes les honnêtetés possibles, jusqu'à leur vendre au-dessous du prix courant. Réfléchissant à cette grande popularité que j'avois acquise en si peu de tems, et ayant eu de plus le bonheur de persuader aux gentilshommes voisins qu'une augmentation considérable dans le prix de la main-d'œuvre produiroit les plus heureux effets pour les propriétaires fonciers en particulier, ainsi que pour le bien public en général, je conçus la possibilité de renverser le gouvernement, à moi-seul, et sans le secours de personne. Je croyois fermement, il est vrai, à la pureté des intentions des patriotes qui composoient les différentes sociétés populaires dans la grande-Bretagne et en Irlande. Cependant, mes amis intimes savent bien que j'ai souvent prédit les suites funestes que ces sociétés devoient nécessairement produire. Elles ont mis le gouvernement sur ses gardes, et lui ont fourni de plausibles prétextes pour demander au parlement des pouvoirs extraordinaires, afin de résister à ces ennemis déclarés de la constitution; de maniere que depuis plusieurs années, il n'existe dans les isles britanniques, pas même l'apparence de la liberté. En publiant des résolutions dont leurs ennemis ont tiré les corollaires les plus perfides, ils ont allarmé les riches de toutes les classes, et poussé le parlement à prendre le seul moyen de calmer ces inquiétudes, en revêtissant le roi d'une autorité illimitée, à l'exemple de ce qui se pratiquoit souvent dans la république romaine. Comme ce danger, et par conséquent le prétexte qu'il a fait naître, durera encore quelques années, le pouvoir exécutif, si la guerre actuelle se termine définitivement en faveur de la Grande-Bretagne, finira par absorber en Angleterre, ainsi que la puissance directoriale le fit à Rome, le peu de liberté et de priviléges qui reste encore au peuple anglais. — Mais revenons de notre digression. Voyant la possibilité de renverser le gouvernement, le premier pas que je fis, ce fut de dire à mes ouvriers que bien loin d'avoir perdu en augmentant leur salaire, cette dépense extraordinaire étoit plus que réparée, comme tout le monde le savoit, par la régularité et le zèle avec lequel ils faisoient leur

(39)

ouvrage , et que j'étois décidé pour l'année suivante, quand mes moyens me le permettroient, d'augmenter leurs salaires encore de quatre sous par jour. Je leur dis de plus qu'en attendant cette époque, j'allois sous peu faire dresser des tentes, où ils pourroient prendre leurs repas à l'abri du soleil, du vent et de la pluie, et qu'en outre je ferois venir un joueur de corne-muse, pour les divertir pendant qu'ils seroient à l'ouvrage. Quant aux femmes, je leur dis qu'indépendamment d'une hausse proportionnelle dans leurs gages, j'allois leur faire distribuer des chapeaux de paille, semblables à ceux que j'avois vus en Alsace , pour conserver la fraicheur de leur teint; attendu, leur disois-je , que je les trouvois pour le moins aussi jolies que les Alsaciennes, dont la beauté, néanmoins, est universellement connue. Observons en passant qu'il n'y avoit rien de faux dans ce compliment ; car dans tous les pays où j'ai voyagé, je n'ai jamais vu les paysannes aussi jolies que dans le canton que j'habitois.

Le Républicain. Il paroît que vous saviez comment faire pour gagner les femmes.

L'Auteur. J'avois pour objet de gagner tous les cœurs, si je le pouvois ; mais je voulois principalement faire sentir aux pauvres que dans le cours de mes voyages, rien de ce qui pouvoit être appliqué à les rendre plus heureux, n'avoit échappé à mon attention , et je savois que je ferois sur eux une impression d'autant plus profonde , que le nom de l'Alsace leur étoit parfaitement inconnu, et auroit par conséquent excité leur curiosité et leurs réflexions pendant quelque tems. Le second pas que je fis, fut de dire à mes voisins, que j'étois décidé à communiquer en personne aux principaux propriétaires fonciers du royaume, mes idées sur les effets que produiroit une augmentation considérable du salaire des pauvres, et que je comptois aussi, quand l'occasion se

présenteroit, inculquer à ces derniers mes idées concernant les qualités que je croyois nécessaires pour parvenir aux fonctions publiques, qualités qui, comme je
l'ai déjà établi dans ma lettre à Creuzé-Latouche, sont
un certain revenu en propriétés foncières et l'âge complet
de quarante-neuf ans, âge où le jugement de l'homme
est parvenu à sa maturité. Ce qui m'inspira à cet égard
les plus grandes espérances, c'est qu'ayant fait part
de mes idées à quelques hommes très-riches, ils m'assurèrent que ce seroit un changement fort heureux dans
la constitution ; ils furent de plus étonné de me voir si
modéré, moi qu'ils avoient toujours regardé comme
un des chefs des *niveleurs*. Ici je ne saurois m'empêcher d'observer en passant que quant à moi, je n'ai
rencontré jusqu'à présent que bien peu de vrais royalistes. Ceux qui passent généralement pour tels, ne le
sont qu'à cause de la violence et de la folie de ces répu-
blicains à tête chaude, qui, pour obvier aux dépenses
du gouvernement, ne peuvent inventer d'autres moyens
que les confiscations et les séquestres. Ce qui encore a
augmenté le nombre des royalistes, ce sont ces violations
fréquentes des propriétés, ces absurdes projets de loi
agraire et cette extravagante idée, que le bonheur social
consiste à ne point payer d'impôts, toutes idées inad-
missibles, et qui ne tendroient qu'à ramener les hommes
à l'état primitif de barbarie, comme je l'ai déjà démontré. — La troisième mesure que je proposai, ce fut d'é-
tablir trois fermes considérables dans la longueur cen-
trale de l'Irlande, à environ soixante milles les unes des
autres, pour enseigner à nos gentilshommes campagnards les moyens de doubler, ou peut-être de tripler
leurs rentes. Une pareille institution m'auroit assuré
l'amitié des riches et des pauvres, attendu qu'elle auroit
augmenté le revenu de ceux-là et le salaire journalier
de ceux-ci. Je me proposois ensuite de dresser une

batterie

batterie contre le christianisme , en établissant un jour-
nal où il n'entreroit rien de violent ni d'injurieux , et
qui n'ayant pour but que la propagation des vérités utiles
au peuple , et non le profit des rédacteurs , se ven-
droit à plus bas prix que tous les autres journaux , et les
réduiroit bientôt tous au silence , sur-tout s'il étoit soutenu par des souscriptions patriotiques. J'étois assez
certain que les effets de ces différens projets se montre-
roient en peu d'années, et je remettois jusqu'alors la conduite que j'aurois à tenir. Je ne doutois pas qu'avant ce
tems je ne fusse en état de faire tomber l'épée des mains
des soldats, et même que peut-être je n'aurois pas du tout
besoin d'agir , attendu que pour prévenir les commo-
tions intérieures , le peuple demanderoit probablement
de lui - même un parlement réel ement indépendant ,
composé de citoyens indépendans mûris par l'expérience. Or , c'étoit-là le grand objet de mes vœux. Je
me décidai aussi à ne communiquer à personne cet objet
que j'avois en vue ; je savois bien qu'en agissant avec
cette discretion , je pourrois autant compter sur l'appui
des honnêtes republicains et de leurs amis, que s'ils
etoient instruits de mes intentions , et peut-être encore
davantage , attendu qu'ils ne courroient point le risque
d'être trahis par moi , et que moi je n'aurois pas besoin de
prendre des précautions extraordinaires à leur égard.
Pour mettre ce projet à execution , j'attendois l'issue d'un
procès que j'avois avec le lord *Oxmantown*. Mais ce seigneur , qui avoit des millions à ses ordres , et qui avoit
déclaré qu'il en dépenseroit plusieurs pour me ruiner ,
réussit contre moi, au point de rendre illusoire le premier appel que je faisois aux lois ; car le jour où le procès
fut jugé , mes hommes de loi parurent être plutôt de son
côté que du mien , et peut-être avoient-ils pour cela des
raisons d'un grand poids. Ma défaite causa dans le public
une surprise d'autant plus grande , qu'il n'y avoit qu'une

F

seule opinion sur la justice de ma cause. Il s'agissoit d'une action que j'intentois à ce seigneur, pour la somme de *dix mille* livres sterling, somme qui seule auroit suffi pour l'exécution de mes plans. Outre cette action, j'en aurois eu encore une autre de 12,000 livres sterl. contre lui, comme coupable d'usure. Ces deux actions devoient être suivies d'un troisième procès que je comptois lui intenter au criminel, et qui probablement auroit été capital, pour le fait suivant. Il avoit attaqué ma maison avec une force militaire ; il y avoit fait tirer avec une pièce de six vingt-un coups de canon, outre plusisurs milliers de coups de fusil ; il avoit mis le feu à mes bâtimens extérieurs, et les avoit brûlé de fond en comble, et après avoir fait enfoncer les portes de ma maison, en quoi il n'avoit trouvé aucune opposition, il en avoit ordonné le pillage. De plus, s'étant fait remettre, sous titre de dépôt et par sentence de la cour, quelques terres qui étoient en litige entre nous, la première chose qu'il fit, ce fut de raser jusqu'à la terre les chaumières des pauvres qui y demeuroient, dans l'intention, comme il l'avouoit lui-même, d'enlever pour toujours à ces malhenreux l'espoir de jouir une seconde fois de mon appui.

Le Royaliste. C'est incroyable. Quoi ! Un pair du royaume se rendre coupable de tant d'atrocités !

L'Auteur. C'est incroyable, je vous l'avoue, et cependant ce n'en est pas moins vrai. Ce sont des faits qu'attestera tout le voisinage et particuliérement un des messieurs que j'ai déjà nommés, M. *Vickars*, le beau-frère du banquier *Latouche*, et dont les prières empêchèrent qu'on ne mit le feu même à la maison. Il pourra vous attester aussi plusieurs autres faits dont il seroit trop long de faire l'énumération, mais qui montrent tous combien cet homme vindicatif brave les lois de l'humanité et de l'honneur.

Le Royaliste. Quoi ! une action pour la somme de dix mille livres sterl. Comment avez-vous pu avoir une action si considérable contre lui ?

L'Auteur. Pour une bagatelle. Il avoit seulement suborné un faux témoin pour m'accuser de félonie. Pour cette fausse accusation, il m'avoit fait mettre en prison, où je fus détenu six semaines, apparemment parce qu'il falloit tout ce tems aux procureurs et hommes de loi des deux partis, pour convenir entr'eux des meilleurs moyens de tirer parti d'un procès qui leur promettoit beaucoup. C'étoit en réparation de cette injure que je lui intentai cette action.

Le Royaliste. Quoi ! vous appelez cela une *bagatelle ?*

L'Auteur. Ce n'étoit qu'une bagatelle pour lui. Quand un homme s'est montré assassin, sinon de fait, du moins d'intention ; quand il s'est montré brigand, et pis que brigand, en s'emparant du fruit des travaux d'autrui, en gardant une propriété qui ne lui appartenoit pas, et en jetant le vrai propriétaire dans une prison. — Quand il s'est montré usurier et oppresseur, et ennemi de tous les principes qui lient les hommes en société, et quand il se justifie, en disant qu'il a assez d'argent pour payer les injustices qu'il a faites, certes, pour un pareil homme, suborner un faux témoin n'est qu'une bagatelle. C'étoit une subornation manifeste, et le grand jury en déclarant qu'il n'y avoit lieu à accusation, bien qu'un si grand seigneur fut en personne à la tête de mes accusateurs, a montré qu'il n'existoit pas même l'ombre d'une preuve valabe contre moi

Le Républicain. Il n'y a donc point de peines dans vos lois pour un crime de cette espèce ?

L'Auteur. Certes il y en a dans les lois de mon pays et dans celles de tout autre. Mais voyant que le lord Oxmantown étoit soutenu par le gouvernement, et qu'on ne visoit à rien moins qu'à me jeter dans une prison perpétuelle, je cachai mes intentions, jusqu'à ce que j'eusse mis quelqu'ordre à mes affaires, et alors je quittai mon pays, bien décidé à ne jamais y rentrer que je ne visse quelque perspective d'obtenir justice.

Le Royaliste. Je présume que ce lord ne connoissoit pas votre vrai caractère, et qu'il s'étoit laissé tromper par quelque ennemi artificieux et intéressé.

L'Auteur. C'est tout le contraire. Je puis en quelque façon assurer que personne ne me connoissoit mieux que lui. Nous avions été élevés dans le même collége, nous avions vécu dans le même comté, j'avois passé plusieurs jours chez lui, et lui chez moi.

Le Royaliste. Il faut que vous l'ayez offensé de quelque manière, autrement il ne seroit point oublié au point de violer tout ce qu'il y a de plus sacré parmi les hommes.

L'Auteur. Quelques-uns ont cru que sa haine contre moi venoit de ce qu'en *p eine assemblée e'ec.orale*, et à la face de tous ses concitoyens, je l'avois accusé deux fois d'avoir faussé sa parole. — Voulant dans une occasion, et avant qu'il fût élevé à la pairie, se faire élire comme représentant de notre comté, il déclara publiquement, pour s'assurer les suffrages du parti républicain, qu'il étoit prêt à contracter avec les patriotes toutes les obligations possibles de fidélité aux vrais intérêts de la patrie, et même de signer un engagement à cet effet. Eh bien ! parvenu par ce moyen à s'assurer la majorité des suffrages, il refusa de remplir sa promesse, sous prétexte qu'exiger une déclaration de lui, ce seroit douter de son honneur.

Le Royaliste. Maintenant vous vous expliquez. On n'oublie jamais de pareils affronts, et on les venge tôt ou tard, dès que l'occasion se présente.

L'Auteur. Eh bien ! le lord Oxmantown se conduisit d'abord d'une manière différente, car à chacun de ces

jours il m'invita à diner avec lui, ce que font toujours
les candidats à l'égard de leurs amis, quand l'élection
est finie. Il me dit de plus qu'il espéroit que ce qui venoit de se passer n'occasionneroit point de brouillerie
entre nous, attendu, disoit-il, qu'il ne doutoit pas que
ma conduite ne fut le résultat de mes principes. Je peux
dire aussi que son oncle, le doyen Harman, à qui ce seigneur devoit sa grande fortune, me reçut avec sa poli-
tesse ordinaire. Je peux dire même que pendant douze
années après cette époque, je n'ai point apperçu
dans le lord Oxmantown le moindre signe de ressenti-
ment à ce sujet. On ne l'a pas même beaucoup blâmé
pour avoir manqué à sa parole, car on attribuoit sa conduite dans cette occasion à son oncle le doyen, de qui sa
fortune dépendoit entièrement. Que ce fût justement ou
non, c'est ce que je ne prétends point décider. Quoiqu'il
en soit, certes le doyen, quand il légua ses immenses
biens à son neveu, ne se doutoit nullement qu'un des
premiers usages que celui-ci en feroit ce seroit de ruiner
l'homme qu'il n'avoit pas hésité de declarer le seul patriote du comté. Je savois bien, soit dit en passant, que
cette déc'aration n'étoit pas strictement vraie ; mais elle
montroit clairement sous quel point de vue il considé-
roit les efforts que je faisois pour sauver l'indépendance
de notre comté, menacée par la coalition des princi-
pales familles aristocratiques, coalition dont le doyen
étoit le grand promoteur. Mais revenons à notre sujet,
le christianisme, dont je crains de m'être trop écarté, et
sur lequel je me suis peut-être arrêté trop long-tems,
sur-tout pour vous, qui le regardez comme une impos-
ture. J'ose même dire que mes argumens démontrent
clairement la fausseté du christianisme, sans que je
cite à mon appui la certitude que ce monde a été habité
infiniment long-tems avant l'epoque fixée par la bib'e.
Cette antiquité reculée est prouvée par la bible elle-

même. Il y est fait mention des consttellations. Or, pour classer ainsi les étoiles, il a fallu des observations astronomiques faites pendant plusieurs milliers d'années par un peuple très-éclairé. Il est donc prouvé que le christianisme n'est qu'une invention humaine. Maintenant je vais examiner la religion prétendue naturelle, autrement dite le *théisme*, qui nous enseigne que nous sommes l'ouvrage d'un Etre infiniment parfait, ne tenant son existence que de lui-même.

Le Royaliste. Arrêtez - vous un instant. J'ai une ou deux questions à vous faire d'abord. Vous avez fait mention de l'*union hypostatique*. Qu'entendoieut les catholiques par ces mots ?

L'Auteur. Les catholiques, si je m'en souviens bien, quand ils se voyoient serrés de près par les argumens de leurs adversaires, au sujet de la passion et des souffrances d'un Dieu ou d'un Etre infiniment parfait, se tiroiènt d'embarras en affirmant, selon les cas, que le *logos* ou verbe divin, uni à l'ame humaine de Jésus, formoit avec elle *une seule hypostase*, comme la trinité en unité, ou *deux* hypostases, comme l'unité en trinité en avoit trois.

Le Républicain. Finesses de prêtres que tout cela, pour éviter un dilemme.

L'Auteur. Vous avez raison, car leurs adversaires étoient d'excellens dialecticiens. Le seul usage, à mon avis, qu'on puisse tirer aujourd'hui de la connoissance de ces mots, c'est qu'à leur aide nous pouvons déterminer l'âge de plusieurs anciens ouvrages, composés depuis qu'ils ont été inventés ; car si dans un ouvrage on fait allusion à ces mystères, on peut en conclure que l'ouvrage a été écrit postérieurement à l'invention de ces mots.

Le Royaliste. Vous avez raison. C'est de ce principe que vous avez déduit la non-authenticité des écrits attribués aux *Peres* qui ont existé avant le Concile de Nicée. Mais à quelle époque croyez-vous qu'on commença à prêcher le Christianisme?

L'Auteur. Le savant auteur de *l'Origine de tous les Cultes* suppose, si je ne me trompe, que c'est vers le commencement du regne d'Adrien. Je ne combattrai pas son opinion, quoique pour moi je pense que ce fut à une époque bien postérieure.

Le Royaliste. Que devons-nous donc penser de ces passages de Tacite, de Joseph, de Pline, des martyrs de Lyon et de Vienne, qui tous militent contre votre opinion?

L'Auteur. Il est évident que le cit. Dupuis, auteur de l'ouvrage dont j'ai parlé, en fixant le commencement du christianisme à cette époque, a dû regarder les trois premiers comme supposés. Je suis pleinement de son avis, et je pense de plus que tous les ouvrages attribués aux deux derniers, n'ont été composés qu'apres qu'on eût commencé à prêcher le christianisme, quelle que fût cette époque. Car, si ces lettres existoient réellement avant cette époque, *Serenus Sammonicus*, qui vivoit sous l'empereur *Sévère*, auroit-il dit expressément : *Plinius Secundus, comme on sait, a vécu jusqu'au tems de l'empereur Trajan* (1) puisque dans ces lettres, il est fait une mention si particuliere de la mort de ce Plinius? Il est évident aussi que Macrobe n'avoit aucune connoissance de ces lettres, autrement il auroit relevé cette erreur de Sammonicus. Est il probable que les lettres d'un auteur si élégant, d'un consul, de l'ami de Trajan, aient été inconnues pendant trois siècles? Si ces lettres sont véritables, il faut admettre que Plinius Secundus a péri dans l'éruption du Vésuve qui eut lieu sous Vespasien, vingt

______

(1) Plinius Secundus, ut scitis, usque ad Trajani imperatoris venit ætatem. [*Macrobius, edit. Leips* 1784, p. 393.]

ans avant le règne de Trajan. Et si cela est vrai, comment se peut-il que Sammonicus et Macrobe se soient trompés si lourdement, pour dire que Plinius Secundus avoit vécu jusqu'au tems de Trajan. De plus, les paroles, *comme on sait*, supposent un fait universellement connu. *Scaliger* dit que *St. Jérôme montre clairement qu'il n'avoit pas lu les épîtres de Pline* (1), de manière que ces lettres étoient inconnues à S. Jérôme, qui avoit passé une si grande partie de sa vie à Rome. D'ailleurs il paroît que ces trois auteurs ont bien connu Plinius Secundus *le naturaliste*, et qu'ils n'ont eu aucune connoissance de *Plinius Cæcilius*, l'ami de Trajan et le prétendu auteur de ces lettres. Ainsi, nous pouvons conclure avec sûreté qu'il n'a jamais existé une telle personne, et que ces lettres sont entièrement supposées. Tout lecteur de bonne foi doit en convenir, surtout si l'on fait attention à cette lettre, où Pline raconte la mort de son oncle, et où il montre une prudence nullement vraisemblable dans un jeune homme de 19 ans, doué d'une ame active et vigoureuse, et poussé par une grande curiosité. A cet âge et avec un tel caractere on méprise ordinairement tous les dangers, quand il s'agit de découvrir les secrets de la nature.

Le Royaliste. Je suis aussi de votre avis. D'ailleurs cette correspondance d'un prince avec son sujet, et d'un sujet avec son prince, me paroit en beaucoup d'endroits trop familiere.

Le Républicain. Peut-être pourrez-vous aussi m'expliquer les fameux termes *homo-ousios* et *homoi-ousios*? Car, je vous avoue que je n'entens pas bien ce passage de *Gibbon.* « *Suivant Aristote, les étoiles étoient homo ousian, les unes à l'égard des autres; que homo-ousios signifie une seule substance en espèce, est ce qu'est démontré*

---

(1) Hyeronimus satis ostendit se Plinii epistolas non legisse. *Scaliger ad Eusebium animad*, p. 19).

par Petau, Courcelles, Cudworth, Leclerc, et le prouver,
ce seroit *actum agere*. C'est ce qu'observe fort bien Jortin
(vol. 2, p. 202) *qui a examiné la controverse arienne,
avec bonne foi, érudition et jugement.* (Gibbon, ch.
21, n°. 58). Il me semble qu'il m'auroit dû expliquer ces mots : *Une seule substance en espèce.* Je crains
que ni lui, ni Jortin n'y ont attaché un sens bien clair,
autrement, ce me semble, ils seroient descendus plus
au niveau des lecteurs ordinaires. Peut-être ont-ils suivi
l'exemple de tant d'autres qui citent quand ils ne peuvent expliquer.

L'Auteur. Je n'examinerai pas si votre conclusion est
juste ou non. Le mot *homo-ousios* est composé de *homos,*
un, et *ousia,* substance, ou substratum, ou soutien des
qualités. Il signifie *un seul ousia*, et équivaut à *unité en
trinité.* C'est de ce mot que les catholiques se servoient
contre les Ariens, qui nioient cette unité. Le mot *homoi-
ousios*, est composé de *homoios,* semblable et *ousia,* et
signifie *substance semblable.* Ce mot supposoit que les
hypostases étoient semblables, et par conséquent qu'elles
ne formoient pas *une seule ousia* ; car il n'est pas exact
de dire qu'une chose est semblable à elle-même, attendu que similitude suppose une comparaison, et par
conséquent au moins deux objets; ainsi ce mot détruiroit la doctrine de *l'unité en trinité*, et devenoit un vrai
symbole. Au reste, comme ni Jortin, ni Gibbon
n'ont indiqué dans quelle partie des ouvrages d'Aristote
il est affirmé que les étoiles sont *homo-ousian les unes à
l'égard des autres*, vous n'exigerez pas, j'espère, que je
me mette à feuilleter les écrits volumineux de cet auteur, pour découvrir ce passage. D'ailleurs, Gibbon
lui-même observe que la différence entre homo-ousios
et homoi-ousios est presqu'imperceptible aux yeux les
plus pénétrans en fait de theologie (ch. 21, n. 129).
Si cela est, on peut supposer que les copistes ont écrit

par inadvertence *homo-ousios*, au lieu de *homoi - ousios*. D'ailleurs, il n'est nullement prouvé que les catholiques ayent donné à ce mot absolument le même sens qu'Aristote ; car il est évident qu'ils n'ont pas pris ce terme , *ousia*, précisément dans le même sens que les anciens philosophes.

Le Républicain. Voici un passage de Gibbon qui milite fortement contre la manière dont vous avez expliqué ces différens termes, s'il ne la détruit pas entièrement. « Les saints les plus à la mode du tems de l'arianisme, dit cet auteur, l'intrépide Athanase, le savant Grégoire de Nazianze et les autres piliers de l'églïse, qui soutenoient avec talens et succès les doctrines nicéennes, paroissent avoir regardé le mot *substance* comme synonime à celui de *nature*, ce qu'ils tentoient d'expliquer, en disant que *trois hommes*, par exemple, étant de la même espèce, sont *consubstantiels*, ou homo-ousian, les uns à l'égard des autres. » (Vol. II, p. 252 , éd. in-4°.)

L'Auteur. Je vous avoue qu'à moi il paroît inconcevable que l'intrépide Athanase, le savant Grégoire, etc. aient pu faire une pareille comparaison. D'ailleurs, comme M. Gibbon ne cite point les passages, je nie tout bonnement le fait. D'ailleurs, quand bien même un pareil passage se trouveroit dans ces pères, il me seroit facile de prouver que l'erreur n'a pu provenir que de l'inadvertence d'un copiste, qui auroit mis homo-ousios pour homoi - ousios. En effet, une pareille comparaison auroit été trop hardie, même dans la bouche des Ariens, à qui les catholiques reprochoient, ce que tout le monde regarde comme un fait incontestable, d'avoir trop séparé les hypostases dans l'ousïa ou dans la nature divine. Les symboles de l'arianisme, publiés dans l'histoire ecclésiastique d'Eusebe en fournit la preuve évidente. Les Ariens y admettoient que dans la nature divine, les hypostases étoient si

proches l'une de l'autre, qu'elles ne pouvoient l'être davantage sans se toucher. Mais comme ils soutenoient
qu'elles ne se touchoient pas, il s'ensuivoit qu'elles
continuoient d'être *trois*, et comme de plus ils soutenoient que chacune étoit Dieu, il s'ensuivoit nécessairement qu'il y avoit *trois Dieux*, ainsi que les catholiques
le leur reprochoient. D'ailleurs Gibbon, en affirmant
qu'Athanase, Grégoire et les autres piliers de l'église
avoient *paru* regarder comme synonimes les mots *substance et nature*, montre sa profonde ignorance de la vraie
foi catholique. En effet, ces piliers de l'église ont non-
seulement *paru* les regarder comme synonimes, mais
ils les ont réellement considérés comme synonimes ; et
sans savoir cela, il est impossible d'entendre les écrits
de ces piliers de l'église, ce que tous les catholiques
érudits savent bien, et qu'ils avoueroient, s'ils osoient
dire leurs vrais sentimens. (*Voyez l'Attest. p.* 27.)

Le Royaliste. Je suis bien aise que notre ami vous ait
fait ces différentes questions. Je dois avouer que, quoique
vous m'ayez paru assez clair sur un sujet si difficile, cependant j'ai eu quelques doutes, malgré ce que vous avez dit
sur les écrits d'O'Leary, sur-tout quand vous avez parlé
de l'ignorance des plus savans catholiques qui ont traité
ces sujets, antérieurement à Jean Garnier. Mais a-t-on
jamais possédé une érudition plus étendue que le père
Petau ? Parmi les protestans, personne n'a joui d'une
plus haute réputation de savoir, sur-tout dans les questions de cette nature, que *Cudworth* et *Leclerc.* Cependant, il me paroît évident qu'aucun d'eux n'a entendu ces mysteres. Autant que je suis capable de juger,
vous avez suffisamment prouvé la proposition hardie
que vous avez avancée, au sujet des écrivains catholiques qui ont précédé Jean Garnier, et des protestans,
tant antérieurs que postérieurs à ce jésuite, et dont aucun n'a bien expliqué les termes mystérieux que les

anciens catholiques ont employés. La conséquence nécessaire à tirer de cette vérité c'est que l'église catholique
est sujette à erreur même en matiere de foi, soit qu'on
la considère par rapport à son chef, soit qu'on la prenne
collectivement, et que la prophétie qui annonce l'infaillibilité de cette église s'est trouvée fausse; en un mot
que le tout n'est pas une institution divine mais une
invention humaine.

L'Auteur. Quant à ces grands hommes, on ne peut
dire autre chose sinon, *non omnia possumus omnes.*

Le Royaliste. Mais quelle est votre opinion au sujet des
martyres de Lyon et de Vienne, etc. car Gibbon paroît
ne point savoir quel dégré de foi ajouter à tant d'atrocités?

L'Auteur. Certes il avoit raison d'être embarrassé. Le
mieux attesté de ces massacres est celui arrivé à Lyon,
ville qui faisoit alors un commerce considérable. Cependant le fougeux Tertullien qui fleurissoit cinquante
ans après cette époque et résidoit à Carthage, ville également fameuse par son commerce, paroît entièrement
ignorer ces atrocités abominables : et certes si ces massacres avoient été réellement arrivés, cet écrivain, connu
par son industrie et par la fougue de son caractère, en
auroit eu connoissance, et en auroit fait mention à plusieurs reprises.

Le Républicain. Quoique vous ne soyez pas chrétien,
cependant, si vous êtes de bonne foi, je me persuade
que vous admettez l'existence d'un Dieu, qui prend un
soin particulier de l'espèce humaine.

L'Auteur. Je suis toujours de bonne foi sur les questions de cette espèce. Vous avez raison en pensant que
je crois à l'existence d'un Dieu, qui prend un soin particulier de l'espèce humaine.

Le Républicain. Vous croyez donc à un Dieu tout-
puissant.

L'Auteur. Oui, à un Dieu tout-puissant.

Le Républicain. A un Dieu infiniment parfait?

L'Auteur. Oui, à un Dieu infiniment parfait.

Le Républicain. Et croyez-vous qu'il existe une chose telle que le *mal*?

L'Auteur. Oui, je crois que le mal existe.

Le Républicain. Ainsi, un Dieu tout-puissant et tout parfait a créé un monde où le mal existe. Il me semble que ces deux opinions s'entre-détruisent.

L'Auteur. J'avoue qu'elles le font. Mais en même-tems elles fournissent une preuve de ma foiblesse à ce sujet. En effet, ma raison me dit bien que tout ce qu'un Etre tout-puissant et infiniment parfait a fait, créé ou produit, est parfait, et par conséquent non-sujet au changement ou au mal; cependant, que ce soit un préjugé d'éducation ou quelqu'autre cause inconnue, je n'en suis pas moins persuadé de l'existence d'un Etre infiniment parfait, qui nous regarde particulièrement, et dont nous sommes les créatures. Ainsi, vous voyez que semblable à tous les hommes, j'ai aussi mes préjugés. Ayant fait cet aveu de ma foiblesse, je vais maintenant prendre une position où je pourrai mieux soutenir l'existence d'un Dieu qui prend de nous un soin particulier.

Le Républicain. Et quelle est cette nouvelle position?

L'Auteur. C'est qu'un ou plusieurs êtres, tous créatures du grand Etre infiniment parfait qui a formé cette terre par sa toute-puissante volonté, nous a formés, et qu'ainsi nous sommes les créatures d'une créature.

Le Républicain. Cette notion, je l'avoue, me surprend plus qu'aucune autre que j'aie jamais entendue, surtout quand elle vient d'un homme de bon sens, et qui a tant de pénétration pour découvrir les erreurs des autres. Je vois que tous les hommes se ressemblent. Les catholiques, pour éluder des difficultés autrement impossibles à résoudre, ont inventé leur *trinité en unité*, leur *unité en trinité*, et leur *union hypostatique*. De même,

un philosophe tel que vous avoir recours à une hypo-
thèse également insoutenable , plutôt que d'avouer la
vérité. Vous sentez bien , et je suis fâché de vous le
dire , que vous ne faites qu'éloigner la difficulté au lieu
de la détruire.

L'Auteur. Malgré cette saillie , je ne doute pas que
vous n'adoptiez cette opinion avant que nous nous
séparions.

Le Républicain. Vous croyez donc qu'un être , créature
de l'être tout - puissant et infiniment parfait , nous a
créés et prend soin de nous.

L'Auteur. Je ne vous ai pas dit que je le crois. Au
contraire , je crois que nous avons été créés ou faits
par la divinité tout - puissante et infiniment parfaite ,
bien que ma raison dise que nous ne l'avons pas été.

Le Républicain. Développez-nous , je vous en prie ,
ces belles raisons qui ne peuvent pas convaincre votre
raison.

L'Auteur. Les voici : Si nous étions l'ouvrage d'un
être tout-puissant et infiniment parfait , nous ne serions
sujets ni au changement ni au mal, car tous les ouvrages d'un pareil être doivent être parfaits , et par
conséquent ne peuvent changer , attendu qu'un changement y indiqueroit quelque défaut. Ainsi nous
pouvons conclure , sans crainte de nous tromper , que
tout ce qui est sujet à changement n'a pas été produit
par un être tout-puissant et infiniment parfait. Les
seuls objets immuables que nous voyons sont le soleil,
la lune , les étoiles et les planètes , qui décrivent des
cercles et qui *voyagent* dans l'immensité de l'espace,
soit qu'ils soient mis en mouvement par une force
physique , selon l'opinion des modernes , ou par des
ames particulières , comme pensoient les anciens et
comme je le crois. Ces objets ont été et resteront toujours
les mêmes. Quant aux autres objets que nous voyons

et qui sont sujets au changement et au mal , la raison me défend de croire qu'ils aient tiré leur existence d'un être infiniment parfait. Il faut donc chercher quelqu'autre auteur de leur existence. Or , ma raison me dit que quelque être suffisamment puissant a fait toutes les choses qui sont sujettes au mal et au changement sur la terre , et qu'elles ne sont sujettes au changement et au mal que parce que celui qui les a faites a manqué de puissance ou des connoissances nécessaires pour les rendre immuables et parfaites. Mais cet être étant lui-même la créature d'un être tout-puissant et infiniment parfait , est nécessairement un être immuable et non sujet au mal. Ainsi, étant l'ouvrage de ce grand être, il ne cessera jamais d'exister : et comme nous sommes son ouvrage , nous devons nécessairement lui être chers. En effet , pour raisonner sur des êtres tellement supérieurs à l'homme , il faut examiner ce qui se passe au-dedans de nous-mêmes, et ainsi leur prêter des passions humaines , ce qu'on fait également à l'égard du grand être, qui comme tel , doit être sans passions. Peut-être même, l'être inférieur qui nous a créés est-il , à cet égard , et parfait et sans passions , comme créature de grand être : néanmoins nous sommes obligés , malgré leurs perfections infinies , de leur prêter des passions humaines quand nous parlons d'eux. Ainsi , comme l'homme n'aime rien tant que son propre ouvrage , nous devons dire la même chose de notre créateur. De plus , comme nous sommes le plus parfait de ses ouvrages , nous devons aussi être le plus aimé. Or , comme il a donné la vie à l'homme, il a le pouvoir de la lui continuer à jamais, attendu que le pouvoir de continuer l'existence d'un être est inférieur à celui de la donner. Donc , en jugeant d'après les passions humaines , seul genre de preuve qu'il soit possible d'alléguer ici , nous devous nécessairement conclure que notre créateur doit avoir le désir de continuer l'existence de l'homme, son ouvrage favori, et par conséquent qu'il la lui continuera. Il nous la continuera donc tant qu'il existera lui-même, c'est-à-dire à jamais, attendu qu'il aura lui-même cette durée, étant l'ouvrage d'un être infiniment parfait.

Le Républicain. J'avoue que votre argument est plausible, et qu'il surpasse de beaucoup mon attente. En effet, vous avez prouvé, en quelque façon, que non seulement nous sommes l'ouvrage d'un être inférieur, créature de l'être infiniment parfait, mais aussi que nous vivrons à jamais. Cependant la somme des maux qui existent et qui ont toujours existé, les malheurs, les souffrances, l'assassinat de tant de gens innocens, et vertueux dans tous les siècles, sont en trop grand nombre pour me reconcilier avec votre système.

L'Auteur. Et moi j'ai à ce sujet des idées bien différentes des vôtres. Je crois qu'une plus forte somme de bonheur dans ce monde ne feroit que rendre moins abondante la moisson de gens de bien destinée pour l'autre, si vous voulez me permettre cette expression. Car, dans mon système, eux-seuls méritent une continuation d'existence ; eux seuls en jouiront. Ce n'est pas uniquement mon opinion, mais aussi celles de plus grands philosophes, dont les idées se trouvent exprimées par ces beaux vers de Virgile, poëte possédant toutes ces connoissances, et peut-être inspiré par la divinité.

Hic manus ob patriam pugnando vulnera passi,
Quique sacerdotes casti dum vita manebat,
Quique pii vates et Phœbo digna locuti,
Inventas aut qui vitam excoluere per artes,

Quique

Quique sui memores alios fecere merendo ,
Omnibus his niveâ circumdedit tempora vitta (1).

Vousvoyez, mon ami, que dans l'Elysée de Virgile,
ces places sont réservées pour les ames de ceux qui ont bien
mérité des hommes. Or , comme il ne dépend que de
nous d'être bienfaisans , nous n'avons que nous-mêmes à
blâmer, si, pour nous être mal conduits dans ce monde ,
la continuation de l'existence nous est refusée. Cette
prière , *que Dieu vous le rende*, que les pauvres adressent
au ciel, pour ainsi dire machinalement, en faveur de
leurs bienfaiteurs, peut, à mon avis, être regardée
comme une inspiration divine, pour rappeler aux hommes
les devoirs de la bienfaisance et des services mutuels ,
dont dépend leur existence dans une vie à venir. Quant
aux hommes qui négligent ces devoirs importans , je ne
vois point de raison pour que le créateur, qui ne les aime
pas, prolongeât leur existence au-delà du tombeau , attendu que dans cette vie ils ne servent qu'à faire ressortir et à épurer les vertus des gens de bien , et que dans
l'autre ils seroient absolument inutiles , ayant dejà rempli le bût pour lequel ils ont existé. C'est ainsi que nous-
mêmes , nous négligeons ou détruisons les choses que
nous avons faites, si nous n'avons plus besoin de nous
en servir. Je ne crois pas aux peines éternelles , ni à des

-----

(1) On y voyait les guerriers intrépides qui ont versé
leur sang pour la patrie; les prêtres qui , par la pureté
de leurs mœurs, ont servi d'exemple aux mortels;
les poëtes amis des dieux et qui n'ont chanté que des
vers dignes d'Apollon ; ces génies sublimes et bienfaisans , dont les découvertes ont été utiles à l'espèce
humaine : enfin tous ceux qui par leurs services ou par
leurs bienfaits ont merité de vivre dans la mémoire des
hommes : tous avoient la tete ceinte d'un bandeau blanc
comme la neige.

H

peines de quelque nature que ce soit, dans une autre vie, attendu que de pareilles peines ne seroient d'aucune utilité, et je ne crois pas que les gens différens de ceux décrits par le poëte, aient après la mort un autre sort qu'un anéantissement total. Le principe que Virgile établit dans les vers que j'ai cités, ne doit pas être regardé comme appartenant à lui seul. On doit le regarder comme le résultat de la doctrine de tous les anciens philosophes Grecs, dont le poëte connoissoit parfaitement les écrits, et qui en expliquant les devoirs de l'homme envers son semblable et envers son créateur, ont tellement surpassé tous les moralistes qui les ont précédés ou suivis, que leurs leçons doivent être regardées comme le résultat de la raison humaine parvenue au plus haut point de perfection, et par conséquent comme l'inspiration naturelle de l'être ou des êtres qui nous ont créés. Quant à la *métempsycose*, c'est une doctrine trop invraisemblable pour qu'on puisse l'admettre. Cependant, cette doctrine étoit une conséquence nécessaire de celle qu'enseignoient ces philosophes, dont les uns enseignoient que l'ame humaine étoit une portion séparée de l'ame divine; les autres, qu'elle étoit la créature d'un Etre tout-puissant et infiniment parfait, et par conséquent, qu'elle étoit immortelle. De plus, cette cessation d'existence, pressentie, pour ainsi dire, par l'ame, est, ce me semble, la cause de cette terreur qui saisit souvent, aux approches de la mort, quelques hommes, dont la conduite a été en apparence très-méritoire, mais qui sentent dans ce moment terrible, qu'occupés de leurs intérêts particuliers, ils avoient trop négligés leurs devoirs envers leurs semblables; car, avec quelqu'adresse que nous puissions tromper les hommes par les dehors de la vertu, nous ne pourrons pas mentir à notre propre conscience. Une raison analogue expliquera la confiance et la tranquillité que les hommes vraiment vertueux montrent au moment de la mort. Ainsi nous devenons nos propres juges.

Le Républicain. Cette manière de raisonner, quoiqu'assez plausible, est loin de me contenter. Cependant, je serois charmé que tous les hommes adoptassent votre doctrine, quand même la *moisson* de ces esprits raffinés se trouveroit considérablement diminuée. Il y a, au reste, une objection très-forte à faire à ce système. C'est que l'Etre infiniment parfait a dû prévoir tout le mal que feroient ou que souffriroient les créatures de ses créatures, et par conséquent qu'il a dû le prevenir.

L'Auteur. Dans ce cas, il s'ensuivroit que ces créatures immédiates du grand Etre, probablement les plus parfaites de ses ouvrages, seroient tres-bornées quant au pouvoir, ou très-malheureuses. Elles seroient *bornées quant au pouvoir,* n'ayant pas celui de créer, pouvoir que nous avons, nous qui ne sommes que leurs créatures, et que nous. ne pourrions posséder, si elles ne la possédoient pas. Or si nous possédons ce pouvoir sans qu'elles la possèdent, il s'ensuivroit que nous serions les créatures du grand Etre, ce qui est inadmissible, vu que nous sommes sujets au changement ainsi qu'au mal. Elles seroient *malheureuses,* en possédant la faculté de créer sans pouvoir l'exercer; car l'expérience nous montre que rien ne nous rend plus malheureux que d'être privés du droit d'exercer une faculté que nous possédons. De plus, de quel grand bonheur pourroient jouir ces créatures du grand Etre, si elles sont privées du plus grand plaisir possible, celui de créer? Car, nous ne goûtons jamais autant de plaisir, en contemplant les ouvrages d'autrui, qu'en contemplant les nôtres, quand même ceux-ci seroient bien inférieurs aux premiers.

Le Républicain. Nonobstant tout ce que vous dites, je trouve le système d'Epicure bien plus raisonnable que le vôtre. Dans le premier, la somme du mal s'explique facilement. En effet, qu'il y en ait plus dans un tems ou dans un lieu que dans un autre, comme tout n'est que l'effet du hasard, et par conséquent nullement sujet à des règles fixes, tout s'expliquera naturellement. Et faites bien attention à cet argument-ci, ce n'est pas le plus ou le moins de mal qui détruit de fond en comble ce système, mais c'est la différence de la somme du mal à des époques différentes.

L'Auteur. J'y ai prêté toute mon attention, et je n'y ai vu aucune force. En effet, n'est-il pas évident que cet Etre secondaire, n'étant pas tout-puissant, doit s'accommoder aux obstacles qu'il ne peut surmonter, et qu'ainsi la somme du mal doit varier avec le tems. Il paroît donc que vous êtes épicurien, et vous l'êtes sans doute de la même manière que plusieurs autres, qui le sont sans en savoir autre chose, sinon que le monde a été formé par le concours fortuit des atomes. C'est une doctrine, (car ce seroit un *solécisme* contre le bon sens, que de l'appeler *système*,) beaucoup plus absurde que les mystères de quelque secte de chrétiens que ce soit, et qui n'est pas mieux connue des soi-disant épicuriens, que ces mystères ne l'étoient de ceux qui s'appeloient chrétiens. Mais ces derniers sont en quelque façon excusables, tant parce que ces mystères présentent des difficultés réelles, que parce qu'ils sont expliqués dans des langues mortes, que peu de personnes possèdent assez bien pour saisir les différences presqu'imperceptibles que les théologiens mettent entre des synonimes, tels, par exemple, qu'*hypostase* et *ousia*. D'ailleurs, presque tous ces termes sont en grec, langue tellement construite, qu'un mot étant mis par écrit, on en saisit le sens tout de suite et sans crainte de se tromper ; de même qu'une ligne droite mise sous nos yeux montre ce qu'elle est, mieux que ne le pourroit la définition qu'on en feroit. Mais les épicuriens ne peuvent alléguer en leur faveur aucune de ces difficultés, car la connoissance de leurs dogmes surpasse à peine la capacité d'un enfant, et cependant ils sont si paresseux, qu'ils se donnent peu ou point de peine pour l'entendre; et toutes les fois qu'un de ces ignorans se dit épicurien, il ment, à moins qu'on ne puisse dire qu'on est ce qu'on n'est pas. J'avoue que les catholiques se disent catholiques, et que les protestans se disent protestans sans l'être, car on ne peut être ni protestant, ni catholique, à moins qu'on ne connoisse les dogmes de la religion protestante ou catholique. Mais ils ont quelques raisons pour se défendre; car chez eux c'est un article de foi, qu'on est puni éternellement, si l'on nie sa foi, et pour eux, être protestant ou catholique est la même chose qu'être chrétien. Je pense donc qu'il vaudroit mieux, en attendant le retour de l'âge du bon sens, que les gens peu instruits de ces sectes s'appelassent tout uniment *chrétiens*, comme cela se pratiquoit chez les premiers chrétiens. Ainsi, l'animosité qui règne entre ces différentes sectes se trouveroit peut-être diminuée, et de plus, ces sectaires, en se déclarant protestans ou catholiques, éviteroient de mentir dans la présence de leur Dieu, qui est par-tout, qui est le Dieu de la vérité, qui hait les menteurs, et qui sait bien punir ceux qui l'offensent. Mais les épicuriens n'ont pas une pareille excuse, car ils méprisent l'idée des peines futures, excepté sur le lit de mort, où ils sont quelquefois aussi lâches que les plus foibles d'entre ceux dont ils se sont moqués. — Maintenant je vais examiner le dogme d'où provient tout le système de cette secte, qui se trouve tellement à la mode. Les épicuriens disent que l'univers a été formé par un concours fortuit d'atomes, d'où il s'ensuit qu'il a été *un tems* où il n'existoit que des atomes, donc il n'y auroit eu que des atomes pendant toute l'éternité : car le mot *atome* indique clairement qu'avant que de former des corps elles ne se touchoient pas , autrement elles auroient été des corps. Pour qu'elles pussent venir en contact , il étoit nécessaire qu'elles eussent une faculté *loco - motive*; mais cette faculté n'étant pas essentielle aux atomes , ni à la matière, il falloit que quelque cause la leur communiquât. Mais admettons pour un instant qu'elles possédoient cette faculté , car il y a des gens si bornés pour ne pas savoir ce que c'est qu'*essence* , ce qui ne doit pas nous étonner , vu que quelques-uns de nos plus fameux philosophes paroissent dans leurs sublimes spéculations l'avoir entièrement oublié , autrement nous n'aurions jamais entendu parler de système mécanique de l'univers. Admettons donc pour un instant que le mouvement est essentiel aux atomes; les épicuriens n'y gagneront rien. En effet , ce mouvement devoit être dans la même direction , car pour être dans des directions différentes , il falloit une volonté , ce que les épicuriens n'attribuent pas aux atomes. Or, ce mouvement étant dans la même direction , et les atomes étant nécessairement égaux en volume, il s'en suit que, quelque rapide qu'ait été ce mouvement, il a dû être le même pour toutes , et par conséquent ces atomes se mouvant toutes avec la même vitesse et dans la même direction , ont dû conserver toujours entr'elles les mêmes distances respectives , et par conséquent n'ont jamais pu se toucher. Ainsi , quand même j'accorderois que le mouvement est essentiel à la matière, ce qu'aucun philosophe n'a jamais avancé , il ne s'ensuivroit pas de-là que jamais un seul corps ait pu se former avec les atomes d'E- picure. Je vais plus loin , et je suppose pour un moment que ces atomes avoient un mouvement rectili- néaire , non-seulement dans un sens , mais dans tous les sens. Dans cette supposition elles se choqueroient , et

elles formeroient une poussière impalpable, et jamais
des corps ; car, pour tenir ces atomes fortement liées ensemble, ou, ce qui revient au même, pour former des
corps, il faut, outre les particules de matiere brute,
un esprit, ou quelque chose enfin, que j'appellerai
ame, n'ayant pas de terme plus convenable pour exprimer mon idée. C'est par cette raison que les particules
de matière forment tantôt des corps durs, tels que les
rochers, tantôt des corps mous, etc. Ainsi, vous voyez
qu'après ce concours d'atomes, il faut, pour former des
corps, cette ame que le hasard ne fournit pas, et qui
est indispensablement nécessaire pour empêcher la séparation de particules composantes, et pour qu'elles
forment des corps de différentes duretés. Il est superflu
d'observer que le hasard ne peut point fournir cette
ame, car ne l'ayant pas essentiellement, il ne peut la
communiquer. Mais supposons que le hasard l'ait communiquée. Dans ce cas, pour composer des corps doués
de la faculté de croître, tels que les arbres, les plantes,
etc. il falloit une autre *ame*. Supposons encore que le
hasard ait donné celle-ci également. Cependant, elle
ne suffiroit pas. Il faudroit une autre *ame* pour donner
la faculté de respirer, dont les insectes sont pourvues. Il
en faudroit encore une autre *ame*, pour communiquer
la chaleur aux animaux qui ont du sang ; car, en dépit
de l'opinion de quelques naturalistes, qui rammènent
tout à des causes physiques, ce n'est ni la respiration,
ni nos alimens, qui nous communiquent cette chaleur,
autrement les insectes qui respirent et mangent la pos-
séderoient. D'ailleurs, la chaleur du systéme animal est
trop grande pour être expliquée d'après l'opinion de ces
naturalistes. Il faudroit à chaque créature qui respire et
qui a la faculté de se mouvoir, une autre *ame*, pour
qu'elle pût pourvoir à sa subsistance et à sa sûreté, et
propager son espèce. C'est cette ame que les Grecs appeloient *psyché*, et les Romains *anima*. Enfin, pour cou-

ronner l'œuvre et former l'homme, il faudroit *une ame capable de raisonner*, ou comme disent les dialecticiens, capable de former des idées abstraites ou universelles. Ainsi, par exemple, quand je raisonne sur *l'homme*, je ne parle ni de *Pierre*, ni de *Paul*, ni de tout autre individu, mais de toute l'espèce humaine, et cette idée n'est pas peinte dans l'ame, d'après l'impression d'aucun individu en particulier, mais elle est le résultat de mes observations générales. C'est à l'idée abstraite, à cet être fictif de l'imagination, que nous rapportons nos idées, quand nous disons que tel homme est grand ou petit, gras ou maigre, etc. Les animaux, au contraire, quand ils raisonnent sur les hommes, n'ont jamais en vue que les individus qu'ils connoissent, tel que leur maître, etc. Mais ils ne raisonnent jamais sur ceux qu'ils ne connoissent pas, et n'ont aucune idée abstraite quelconque d'où ils puissent juger si un homme est grand ou petit, gras ou maigre, etc. Mais, quand ils font ce jugement, ils ne comparent cet homme qu'avec un individu qu'ils connoissent, et alors ils jugent s'il est plus grand ou plus petit, etc. : un chien, par exemple, verra si un individu qu'il n'a jamais vu auparavant, est plus grand ou plus petit que son maître, et par-là jugera s'il est plus fort ou plus foible que ce dernier. Enfin voilà l'homme, ce monde en petit, comme l'appeloient fort savamment plusieurs anciens philosophes, attendu qu'avec les autres ames et la matière brute, il a une ame raisonnable, qui suivant quelques-uns d'entr'eux, étoit une portion de l'ame du monde à laquelle, si elle se trouvoit suffisamment épurée, elle devoit se réunir lors de sa séparation d'avec le corps. L'ouvrage du hasard est encore bien loin d'être fini; car il ne suffit pas que l'homme soit fait, il faut encore des alimens pour ses besoins physiques; et pour cet effet, il faut que les fruits qui servent à sa nourriture, croissent

dans

dans le même tems et dans le même lieu. Mais cela ne suffit pas encore. Ses membres demandent de l'exercice pour être en état de faire leurs fonctions. Ainsi , quoique le fruit soit très-près de lui , ses yeux sont trop foibles pour le voir , et ses membres pour soutenir son corps et le mettre à même de l'atteindre. Il faudroit donc que le hasard donnât à ses membres assez de force pour s'acquitter de leurs fonctions. Voilà donc , ce me semble , assez de difficultés pour détruire ce *systême ingénieux.*

Le Républicain. Eh bien ! je l'abandonne ; je suis satisfait.

L'Auteur. Et moi je ne le suis pas. Il faudroit de plus que le hasard produisît en même-tems et dans le même lieu , une femelle pour chaque espèce , ce qui est aussi difficile que de produire le mâle. Sans cela , le hasard auroit à recommencer son ouvrage. Vous savez vousmême combien il est difficile , avec trois dés à jouer , dont chacun n'a que six faces , d'amener deux fois de suite le même point ; mais combien plus difficile seroitil , d'amener le même point avec un dé qui auroit des milliards de milliards de faces ?

Le Républicain. Vous aviez raison de dire que les absurdités de la religion chrétienne n'étoient rien en comparaison de celle des épicuriens. Ces derniers surpassent non-seulement celles de toutes les sectes du christianisme , mais celles de toutes les religions qui ont jamais existé. Cependant , je me souviens bien qu'en voulant prouver que nous sommes l'ouvrage d'une créature , vous vous êtes servi des mots *un ou plusieurs êtres ,* comme si vous n'étiez pas décidé sur le nombre de nos créateurs.

L'Auteur. Votre remarque est juste. Je ne suis pas décidé sur cette question. Cependant , je serois tenté de croire que nous avons été créés par plusieurs. En effet, il me sembleroit que des êtres qui ne sont pas tout-puissans et infiniment parfaits, ne devroient agir qu'après s'être consultés les uns les autres. Pour parler plus clairement, je penserois que comme le soleil, les étoiles, qui sont autant de soleils, et les planètes, qui décrivent des orbites autour d'elles, sont immuables, et par conséquent l'ouvrage d'un être infiniment parfait; leurs habitans, que ce soit des animaux ou des plantes, n'importe, étant sujets à changement, sont nécessairement l'ouvrage des êtres inférieurs. Je penserois de plus que ces êtres inférieurs ont réglé le tout pour le mieux, suivant l'étendue de leurs connoissances et de leur pouvoir. Il paroît évident que les créateurs des animaux qui habitent notre terre étoient des êtres vraiment bornés, quand on les compare avec l'être infiniment puissant. C'est ce qui prouve la nécessité où sont les animaux de se dévorer les uns les autres, sous peine de mourir de faim. Bien plus, l'*homme*, cette créature favorite de ces êtres, ce maître orgueilleux de la création, comme on l'appelle, seroit, après un petit nombre d'années d'une prospérité non-interrompue, réduit aussi à la triste nécessité de se nourrir de son semblable. En effet, j'ai déjà démontré, ce me semble, que dans les états populeux et jouissant d'une certaine prospérité, la population s'augmente d'un centième par an. Ainsi, en cinquante-huit ans la population se trouveroit doublée. En cinq cents quatre-vingt ans elle seroit cinq cent fois plus forte, et dans mille ans, cent trente mille fois, nombre que le globe entier, quand il seroit par-tout parfaitement bien cultivé, ne suffiroit pas pour nourrir.

Le Républicain. Votre Etre tout-puissant et infiniment parfait n'a donc rien à faire?

L'Auteur. Rien du tout.

Le Républicain. Dans ce cas, ayant la faculté d'agir sans l'exercer, il doit être très-malheureux.

L'Auteur. Cela seroit vrai, s'il s'agissoit des êtres imparfaits, comme le sont tous les êtres, excepté celui-ci. Mais c'est faux, quand il s'agit de l'Etre infiniment parfait. En effet, ce qui fait agir les êtres imparfaits, c'est l'idée qu'ils en seront plus heureux, ou que les choses en iront mieux. Mais ce seroit un blasphême que d'affirmer la même chose du grand Etre. D'ailleurs, il est nécessaire que tous les ouvrages de la divinité aient une durée égale à la sienne, c'est-à-dire, qu'ils soient éternels. En effet, si cela n'étoit pas, il faudroit dire que la divinité a existé une éternité avant que de penser à faire ses ouvrages, et qu'il y a été *mu* (ce qui le rendroit sujet à des passions), soit par le desir d'être plus heureux, ce qui seroit un blasphême, soit par l'espérance que les choses déjà faites iroient mieux. Il suit naturellement de cela que si nos ames sont l'ouvrage de l'Etre infiniment parfait, elles doivent être éternelles. Effectivement, les anciens philosophes qui enseignoient qu'elles étoient l'ouvrage de cet être, étoient à cet égard plus conséquens que les modernes, car ils enseignoient également qu'elles étoient éternelles. L'assentiment que l'ame donne de suite à des vérités nouvelles, assentiment qui ressemble à une réminiscence, étoit un des argumens sur lesquels ils s'appuyoient. L'ame, disoient-ils, en y donnant son assentiment, en les accueillant, non comme des étrangers, mais comme de vieilles connoissances, ne faisoit que se rappeler les idées qu'elle avoit eues ántérieurement à sa jonction avec le corps, ou, comme ils disoient, avant son immersion dans la matière, cause à laquelle ils attribuoient l'entier oubli de toutes ces vérités. Cette difficulté, c'est - à - dire, cette existence co - éternelle avec celle du grand Etre, si nous sommes son ouvrage, joint à la force de mes argumens, qui se trouvent concentrés ici pour la première fois , vient , je l'avoue, de me convertir dans ce moment. Il n'y a une heure que je me croyois l ouvrage du grand Etre, et je l'ai dit de la meilleure foi ; mais maintenant je me trouve converti à la vraie foi, par la force de la vérité, et je me crois l'ouvrage d'un être inférieur, ou plutôt de plusieurs, toutes créatures de l'Etre infiniment parfait.

Le Républicain. Je suis charmé que notre conversation ait ajouté à vos connoisances. Je sais bien que c'est à vos yeux la récompense la plus précieuse.—Mais votre Être tout-puissant et infiniment parfait n'ayant rien à faire, doit être très-malheureux.

L'Auteur. Au contraire. La contemplation de cet univers, qui comprend, pour ainsi dire, une infinité de soleils avec leurs planètes, doit lui faire un plaisir inexprimable ; de même que rien ne nous fait, à nous autres mortels, un plus grand plaisir, que la contemplation de nos chétifs ouvrages, quand nous leur croyons un degré que'conque de mérite.

Le Républicain. Vous avez dit, ce me semble, que le nombre des soleils, ou, ce qui revient au même, des étoiles, est, *pour ainsi dire*, infini. Est-ce qu'il n'est pas réellement infini? Car l'espace étant infini, il me semble que le nombre d'étoiles devroit l'être également.

L'Auteur. Je ne le crois pas, et je pense, au contraire, que cet univers est fini, et non infini. En effet, il est impossible qu'il puisse exister un système là où existe l'infini. Sans système il n'y a point de beauté, et sans beauté, il ne peut y avoir aucun plaisir à contempler ces ouvrages : au contraire, il ne peut y avoir que de la peine, qui proviendroit du desir de mettre le tout en ordre, sans pouvoir le faire ; car j'ai déjà prouvé que tous les ouvrages du grand Etre sont également éternels et immuables avec lui-même.

Le Républicain. Mais d'où contemple-t-il cet univers?

L'habite-t-il ? Ou bien habite-t-il l'espace infini qui se trouve au-delà ?

L'Auteur. Je croirois qu'il n'habite pas ses ouvrages, mais bien l'espace infini qui se trouve au-delà, et d'où il contemple ses ouvrages, qui sont si merveilleusement grands.

Le Républicain. Ces notions sur l'Etre infiniment parfait, me paroissent bien singulières.

L'Auteur. Aristote avoit les mêmes notions, si je suis bien informé, car je n'ai jamais lu la partie de ses ouvrages où il traite ces questions. Mais qu'il les ait eues ou non, elles me paroissent parfaitement dignes d'un esprit éclairé.

Le Républicain. Vous avez fait mention de beaucoup d'ames. Vous pouvez sans doute défendre l'existence d'une seule, je veux dire l'ame de l'homme, capable de raisonner.

L'Auteur. Je me flatte qu'oui.

Le Républicain. Distincte du corps ?

L'Auteur. Oui, distincte de corps.

Le Républicain. Est-elle corps ?

L'Auteur. Non, elle n'est pas corps.

Le Républicain. Qu'est-elle donc ?

L'Auteur. Une substance matérielle, qui, au moyen des cinq sens, acquiert la connoissance de ce qui se passe au-dehors de nous.

Le Républicain. Quoi ! une substance matérielle et qui n'est pas corps ? Je ne comprends pas cela.

L'Auteur. Les anciens philosophes enseignoient que corps est la *matière modifiée*, et ainsi avoit des formes; au lieu que la *matière non-modifiée* n'avoit, ainsi que l'air, aucune forme.

Le Républ. Ainsi, l'ame humaine n'est que de l'air.

L'Auteur. Non. Elle est d'une nature tout-à-fait différente, ayant la faculté de la perception, et le mouvement dépendant d'elle-même. Elle diffère de l'air infiniment plus que le fluide électrique et plusieurs autres fluides qui sont dans l'air ou qui en proviennent.

Le Républicain. Il est plus simple de dire que nos perceptions sont l'effet de l'impression que font les objets sur nos sens, en vertu de la *systématisation* (si j'osois me servir d'un pareil terme) qui pénètre le corps humain dans tous les sens.

L'Auteur. J'avoue que cette manière de s'énoncer est plus simple, mais elle s'éloigne de la vérité ; car, dans ce cas chaque impression faite avec une force suffisante pour causer une perception , devroit nécessairement être apperçue.

Le Républicain. Est-ce qu'elle ne l'est pas ?

L'Auteur. Non ; car il est évident que nous n'appercevons pas tous les objets peints sur notre rétine. L'image de tout ce qui est présenté devant nous est bien peinte sur la rétine , et cependant l'ame n'apperçoit que les objets auxquels elle donne son attention. Mais si la perception dépendoit entièrement de l'impression que font les objets, ce qui seroit vrai si l'ame et le corps n'étoit qu'*un* , ou si celle-là étoit de la matière *systématisée* , alors une perception ou idée seroit nécessairement l'effet d'une impression.

Le Républicain. Et ne l'est-elle pas?

L'Auteur. Non ; ce qui paroît d'après ce qui nous arrive souvent quand nous lisons à haute voix, principalement n'y étant pas accoutumés. Nous lisons quelquefois des pages entieres sans savoir un mot de ce que nous lisons, bien que chaque lettre et chaque mot soient peints sur la rétine. Mais ils ne réveillent en nous aucune idée, ce qu'ils devroient faire cependant si l'ame et le corps étoit la même substance, ou si l'ame étoit de la matiere *systématizée*. La même chose nous arrive souvent quand nous lisons seuls. De plus, combien de fois avons-nous bu un verre de vin sans le goûter ? Parce que l'ame étoit occupée d'autre chose. La même chose arrive aux sens de l'odorat et du tact. Mais à cet égard le toucher est de tous nos sens le plus difficile à tromper ; car, comme il a été placé, pour ainsi dire, en sentinelle par le créateur, pour veiller à nôtre sûreté, l'ame, à moins qu'elle ne soit fortement occupée par d'autres objets, est toujours sensible aux impressions qu'elle reçoit de ce sens. Si nous n'étions qu'un corps *systématizée*, nous n'aurions que des perceptions du présent, aucune du passé, et très-certainement aucune de l'avenir. D'ailleurs la formation des idées abstraites ou universelles prouve que notre ame est d'une nature tout-à-fait distincte du corps, en dépit de tous les sophismes des matérialistes. Et, disons la vérité, le matérialisme est la suite nécessaire du christianisme. Si tous les chrétiens etoient conséquens, ils se déclareroient matérialistes. Mais les catholiques n'osent le faire, crainte des censures de l'église, et les protestans crainte de s'exposer à la rage d'une populace ignorante et fanatique, qui pense que l'immortalité de l'ame dépend de sa spiritualité. C'est même la hardiesse qu'a eue le docteur *Priestley* à soutenir la matérialité de l'ame humaine, et non ses attaques contre la divinité de Jésus-Christ, qui a mis en danger les jours de cet homme célèbre, au point qu'il n'y a plus eu de sûreté pour lui en Angleterre. Enfin, ce qui se passe dans nos ames pendant le sommeil, et que tout le monde a senti plus ou moins, renverse entièrement le système des matérialistes.

Le Républicain. Votre argument, qui prouve que pour avoir des perceptions il ne suffit pas uniquement d'avoir un corps systématisé, me paroît concluant. Mais je ne comprends pas cette matérialité de l'ame dont vous parlez, ainsi que les anciens philosophes. Est-ce une spiritualité ?

L'Auteur. Oui ; c'est une spiritualité si vous voulez. Mais comme ce mot n'a aucun sens distinct dans les écrits des métaphysiciens , je n'ai pas voulu en faire usage , de peur que vous ne m'accusassiez de vous en avoir imposé avec des mots vuides de sens. Ce mot a été inventé par les théologiens, pour éviter de dire que l'ame étoit matérielle , ce qui seroit une hérésie digne d'une punition immédiate. Il s'appliquoit aussi à la divinité , car affirmer que la divinité étoit matérielle , auroit été une hérésie pour laquelle il ne pouvoit point y avoir de châtiment assez sévère, selon les bigots de toutes les sectes du christianisme. Or moi, qui aime la vérité par-dessus toutes choses ; qui ne crains pas d'être persécuté dans ce pays de liberté , pour mes opinions théologiques ; qui ai trop de franchise pour vouloir cacher mes idées sous des mots vuides de sens , je soutiens avec les philosophes de l'antiquité que ce qui n'est pas matiere n'est rien, et que l'ame humaine, les êtres supérieurs qui l'ont créée, et qui plus est, l'être infiniment parfait lui-même sont tous matériels. Je dis de plus que ceux qui soutiennent la spiritualité de ces êtres pensent dans le fond comme moi, et que s'ils different d'avec moi, ce n'est que dans le terme dont i's se servent et qui, s'il ne signifie pas quelque chose de matériel, ne signifie rien. Il est néanmoins évident que la substance matérielle de la divinité , celle des créatures qui nous ont créés , et celle de nos ames sont absolument différentes les unes des autres , et quoiqu'elles soient toutes matérielles , la divinité n'est pas moins immortelle , et les créatures qui nous ont créés ne sont pas moins susceptibles d'immortalité. Il en est de même de l'ame humaine et même de la matiere brute, ce que tous les chimistes savent bien.

Le Republicain. Il commence à se faire tard, et je crains que nous n'ayons trop abusé de vos momens qui
vous

vous sont infiniment précieux. Cependant, avant que de
nous séparer, je ne rougirai pas de dire que vous avez
changé ma façon de penser à beaucoup d'égards. Je ne
doute plus de l'existence d'un Etre suprême, tout-puissant et infiniment parfait, ni de l'existence d'une ame
entièrement distincte du corps. En supposant que tout
ce qui est sujet au changement ou au mal a été créé
par un ou plusieurs êtres, vous détruisez, selon moi,
la seule difficulté qui a jusqu'ici empêché qu'on n'ait
admis généralement l'existence d'un Etre tout-puissant,
seul créateur de tout ce que nous voyons d'immuable,
et dont l'existence n'a été contestée par plusieurs personnes éclairées, que parce qu'il existoit du mal dans
le monde. Mais je viens de découvrir, graces à vos
soins, une cause qui explique d'une manière claire et
naturelle l'existence du mal, et qui de plus s'accorde avec
le bon sens; et je ne doute plus que l'existence d'un Etre
infiniment parfait ne soit généralement adoptée, attendu
que la preuve sur laquelle vous établissez cette vérité
importante, est à la portée de toute personne raisonnable. Mais la partie de votre systéme qui m'a fait le
plus grand plaisir, c'est celle où vous avez prouvé que
nous avons une ame, et qu'elle n'est pas l'ouvrage du
grand Etre, mais d'un ou de plusieurs êtres inférieurs,
créatures du grand Etre, et par conséquent immortelles,
comme tous les ouvrages de ce dernier. Dans cette partie
vous avez prouvé aussi que nos créateurs étant immortels, auront soin du plus beau de leurs ouvrages, et
par conséquent lui donneront une existence égale à la
leur. Cette doctrine est si conforme à notre façon de
penser, elle a tant de ressemblance à la manière dont
nous autres hommes nous envisageons nos propres ouvrages, que je ne doute pas qu'elle ne soit universellement accueillie par le peuple, qui saura alors sur

K

quelle base est posée son espérance d'une vie à venir, car jusqu'à présent cette espérance n'est fondée que sur la parole de quelques individus intéressés, dont la sincérité est plus que problématique. Nous voyons ici combien il est dangereux de trop promettre ou de trop enseigner. Non-seulement on perd auprès des gens instruits sa réputation de sincérité, mais on n'est qu'à moitié cru par ceux qui ne le sont pas. C'est ainsi qu'on n'a point cru à la doctrine de ceux qui enseignoient que nous étions les créatures d'un Etre tout-puissant, et que par conséquent nous étions immortels, parce qu'ils enseignoient trop, et que le genre humain avoit trop de bon sens pour avaler une doctrine si dénuée de probabilité, et contredite par tout ce que nous voyons et par tout ce que nous sentons dans ce monde. Mais la vôtre est à la portée de tout homme raisonnable, et chacun peut l'être s'il veut. Il en est de même de la continuation de l'existence, à l'abri de tous les maux occasionnés par le corps, récompense que vous assignez à ceux dont la vie a été consacrée à *la pratique des vertus sociales.* Votre systême, s'il étoit universellement adopté et reçu comme règle de conduite, feroit de ce monde un paradis, autant qu'il est possible de le faire. Enfin, quand les préjugés actuels seront entièrement détruits, votre systême sera la vraie foi, la véritable église catholique. Je vous avoue qu'en répétant ces beaux vers de Virgile, dans le même esprit que vous, je suis aussi intimément persuadé, soit par instinct, soit par raison, que la récompense d'une vie éternelle est uniquement réservée pour les bienfaiteurs de l'humanité. Je vous avoue aussi que j'ai eu peine à contenir mes larmes, quand je réfléchis au grand nombre de Français que j'espère rencontrer dans l'autre monde, vu que notre nation surpasse toutes les autres dans la pratique de ces vertus. Mais que deviendront ces monstres, qui veulent étouffer dans notre sang toutes les idées humaines et bienfaisantes?

L'Auteur. LES MONSTRES PÉRIRONT A JAMAIS.

SECOND DIALOGUE

UN ROYALISTE, UN RÉPUBLICAIN ET L'AUTEUR.

Le Royaliste. Nous avons fait des réflexions profondes sur les importans sujets de notre dernier entretien. Nous prenons la liberté de venir encore abuser de votre tems , pour vous demander un plus grand développement de quelques points, que vous n'avez touchés qu'en passant.

L'Auteur. Je serois fort heureux de résoudre vos doutes, ou de mettre dans un point de vue plus clair ce que j'ai pu rendre d'une manière plus obscure.

Le Républicain. Nous en sommes persuadés , autrement nous n'aurions pas pris la liberté de vous déranger dans votre solitude.

Le Royaliste. Depuis que nous vous avons vu , nous avons eu un entretien avec un de nos matérialistes , qui soutiennent que toutes nos perceptions sont causées par la matière systématisée. Il nous a dit que de même que la corde d'un instrument rend un son dès qu'elle est touchée, de même un objet extérieur , quand il agit sur un de nos nerfs , cause une perception, ou ce qui revient au même, une idée. Je lui ai observé qu'une corde rend *toujours* un son quand elle reçoit une impression súffisamment forte : au lieu que l'impression faite sur nos nerfs, quoique suffisamment forte pour produire une idée, n'en produit pas une *toujours*, ce qu'elle devroit cependant faire, sur-tout quand nous sommes éveillés; car nos nerfs font partie d'un corps systématisé. A cela il a fait une réponse que je n'ai pas bien comprise. Mais ce qui me surprend, c'est que dans votre système, l'ame n'est pas une substance, une, simple, et homogène, mais un composé de deux ames, l'une animale et l'autre capable de raisonner; ou bien, pour m'exprimer plus clairement et à la manière des théologiens, que ces *deux hypostases* ne forment qu'un *seul ousia*, de même que dans la *trinité en unité* des catholiques, *les trois hypostases* ne forment qu'*un ousia*. Ne vaut-il pas mieux dire avec tous les chrétiens qui ne sont pas matérialistes, que notre ame est une substance *une*, *pure*, et *homogène* ?

L'Auteur. Sans doute cela seroit plus simple. Mais une telle simplicité et une telle homogénété ne suffisent pas pour résoudre certaines difficultés qui se présentent, concernant les opérations de notre esprit. En effet, si notre ame étoit une substance pure, simple, et homogène, comment pourroit-il se faire que le même objet puisse produire sur elle des affections bien opposées. Combien de fois une de nos ames nous excite-t-elle à boire, à manger, etc. pendant que l'autre nous le défend! La première est l'ame brutale, ou l'ame qui ne raisonne pas et qui nous excite à jouir, sans faire attention aux conséquences; l'autre est l'ame raisonnante, particulière à l'espèce humaine, et qui prévoit le mal qui doit résulter de ce que nous nous proposons de faire. Sans cette distinction de deux ames, il est impossible d'expliquer les effets opposés que le même objet produit quelquefois sur nous, et qu'il ne pourroit pas produire dans une substance pure, simple, et homogène. Quoique nous soyons des animaux doués de la faculté de raisonner, cependant il y a bien peu d'entre nous qui écoutent la voix de la raison, et nous pouvons dire tous, plus ou moins, avec Médée dans Ovide: *Video meliora proboque: deteriora sequor.* Ces deux affections distinctes que nous éprouvons tous les jours, fournissent une réponse concluante contre les matérialistes. En effet, la corde d'un instrument ne rend pas dans le même tems deux sons différens. De même nos nerfs, avec la même impression faite par un objet extérieur, ne peuvent recevoir deux perceptions ou deux idées différentes; et cependant nous sentons tous les jours que le même objet produit en nous deux idées différentes, l'une qui nous pousse à la jouissance, et l'autre qui nous la défend.

Le Républicain. Cela doit être. Je ne conçois pas comment on peut s'y opposer.

L'Auteur. Ce qui rend si difficiles sur ce point tous les matérialistes, tant chrétiens que théistes, c'est qu'ils s'imaginent que nous sommes les créatures d'une divinité infiniment parfaite. La conséquence de leur opinion est que tout ce que nous faisons est en conséquence de la volonté de cette divinité; car il est évident que la créature d'un Etre tout-puissant et infiniment parfait, doit agir conformément à la volonté de ce créateur; de même qu'une montre le feroit, si l'horloger qui l'a faite étoit tout-puissant et infiniment parfait. Ainsi, étant les créatures d'un pareil Etre, il s'ensuivroit, d'après eux, que quelque chose que nous fassions, nous ne ferions qu'exécuter sa volonté, soit qu'elle nous fût indiquée par les objets extérieurs, soit qu'elle le fût par des idées inspirées par lui-même, et par conséquent irrésistibles. De plus, si on reçoit en principe que nous sommes les créatures d'un Etre tout-puissant et infiniment parfait, la conséquence en seroit que toutes nos actions sont nécessaires, et que nous n'avons point de libre arbitre.

Après une pareille conséquence, ce ne seroit pas la peine de chercher si nous ne sommes que corps , ou si nous sommes composés d'un corps et d'une ame , attendu que par nos actions nous ne pourrions ni bien mériter, ni démériter ; et ainsi , toute crainte de punition dans une vie à venir, ou tout espoir de récompense après une vie vertueuse , seroit anéanti. Ils disent de plus , ce qui est également incontestable , que si toutes nos actions ne sont pas nécessaires , vous enlevez toute prévoyance à l'Etre infiniment parfait. Car celui-ci ne peut pas prévoir des actions qui ne sont pas nécessaires, et qui dépendent de notre libre arbitre , qui peut changer à chaque instant, et qui par conséquent rendroit nulle la prévoyance de l'Etre infiniment parfait. Donc , dire que nous sommes les créatures du grand Etre , ou dire que nous ne sommes qu'un corps *systématisé*, c'est dire que nous n'avons point de libre arbitre , pendant que nous avons le sens intime du contraire; c'est dire que nous sommes convaincus contre notre conviction ; en un mot, c'est dire la plus grande de toutes les absurdités. Aristote avoit bien raison de nous conseiller de ne jamais admettre un argument contre notre conviction ; car aucun argument ne peut nous donner une conviction égale à celle que produit le sens intime Ces absurdités, qui découlent nécessairement du matérialisme et du théisme , sont une preuve de plus que ces deux systêmes sont faux. Puisque donc nous ne sommes ni les créatures d'un Etre infiniment parfait , ni du hasard , et puisqu'il est évident que nous ne nous sommes pas faits nous-mêmes , il s'ensuit que notre créateur est nécessairement un Etre fini , et que l'existence du mal se trouve expliquée. Elle ne le seroit pas, si les créatures qui habitent ce globe étoient l'ouvrage d'un Etre tout-puissant.

Le Royaliste. Je ne peux contester la justesse de vos

conclusions. Cependant, vous avez observé quelque chose au sujet de ce qui se passe en nous pendant notre sommeil, et qui, dites-vous, renverse entièrement le systéme des matérialistes. Un argument déduit d'un songe n'auroit, ce me semble, chez eux que fort peu de poids.

L'Auteur. Cela peut être. Mais il n'en sera pas ainsi de tout le monde.

Le Républicain. Pour faire d'un songe la base d'un argument, il faut croire aux songes. Vous n'y croyez pas, sans doute ?

L'Auteur. Je vous satisferai tout à l'heure sur ce point. Vous êtes convaincu que nous avons deux ames, l'une capable de former des idées abstraites et universelles, et l'autre qui ne l'est pas. C'est cette dernière ame qui forme presque toujours nos songes, qui en général sont dignes de leur origine, étant pour la plupart les jouissances animales les plus grossières, les effets des passions les plus violentes, ou des maux purement corporels ; et qui de plus, ne différent de ceux des bêtes que dans ce qui regarde le commerce des deux sexes, ce me semble. Il s'ensuit de-là que les songes qui proviennent de pareilles causes ne méritent nullement l'attention des gens qui savent raisonner ; et comme ceux-ci sont en fort petit nombre, il s'ensuit qu'il n'y a que peu de personnes qui puissent avoir des songes d'une autre espèce. C'est-là, je crois, la raison pourquoi les songes formés par l'ame raisonnable sont envisagés sous le même point de vue que ceux formés par l'ame brutale, ou la *psyché.* Comme la plupart des hommes n'ont que des songes de cette dernière espèce, les *gens comme il faut,* qui n'en ont jamais eu d'autres, riroient au nez d'un homme qui s'aviseroit de raconter devant eux un songe formé par l'ame raisonnable, ou le *nous* ; et ainsi les hommes sages aiment mieux se taire que de devenir un

objet

(81)

objet de ridicule. S'il alloit raconter son songe aux gens
du peuple, il n'y auroit pas dans tout le voisinage une
vieille femme qui n'en eût un plus extraordinaire à raconter, et ce dernier, quoiqu'évidemment une fiction,
seroit cru avec la même confiance que le sien. Bien plus,
les gens du peuple voyant qu'un homme de poids croit
aux songes, en deviendroient plus opiniâtres dans leurs
préjugés, au point qu'il seroit peut-être impossible de les
ramener aux premiers principes du bon sens. C'est pour
cette raison, je m'imagine, que les gens sages ne racontent pas leurs songes, et ainsi une chose qui jetteroit
beaucoup de lumières sur les opérations de l'ame, nous est
soigneusement cachée. Cependant, quelque répugnance
que j'aie à augmenter la superstition des dernières
classes du peuple, je vais citer quelques songes qui dé-
montreront qu'on ne doit pas les envisager uniquement
comme des réminiscences des idées que nous avons eues
ou des actions que nous avons faites avant notre sommeil.
Je prouverai que quelques-uns d'entr'eux viennent d'une
source plus relevee, qu'ils ne dépendent nullement des
opérations d'un corps systematisé, et qu'ils nous fournissent une preuve incontestable de l'existence d'une
ame distincte du corps ; et si ce dernier point est prouvé,
on ne pourra guères nier la certitude d'une vie à venir,
derniere consolation des malheureux. Ainsi, quoique
les faits que je vais exposer puissent tendre à augmenter la crédulité du peuple, cet inconvénient sera plus
que contre-balancé par la presque certitude qu'ils four-
niront d'une vie à venir, certitude qui, comme vous
l'avez fort bien observé, est la seule base inébranlable
où les mœurs, ainsi que la morale, peuvent être posées.
Si donc je peux, en citant ces faits, contribuer à ce
grand bût, je ne m'inquiéterai guères des plaisanteries
qu'en pourroient faire les *soi-disant philosophes*, *les soi-
disant savans* et leurs échos, les *gens comme il faut*.

L

Je dois observer d'abord que cette distinction entre les songes formés par le *nous* et ceux formés par le *psyché*, remontent jusqu'à *Homère*, qu'Aristote et tous les anciens philosophes appellent le poëte de la nature. Mais il ne jouiroit pas de ce titre sous ce point de vue, s'il n'y avoit aucune réalité dans cette distinction qu'il a faite en rapportant à des ames différentes les songes de différente nature. Donc, outre Homère, je me crois soutenu par l'autorité des anciens philosophes, en comparaison de qui vous savez que les soi-disant philosophes du présent jour ne sont, à mon avis, que des parfaits radoteurs, pour ce qui regarde la connoissance de l'esprit humain. Si vos soi-disant philosophes étoient égaux sur ce point aux anciens, certes ils cesseroient de déclamer éternellement sur la difficulté de gouverner un peuple qui n'a point de raison ; car enfin, a-t-on jamais vu un peuple qui, pris en masse, fût autrement. D'ailleurs, si le peuple se conduisoit d'après les principes de la raison, il n'y auroit, ce me semble, point de mérite à le gouverner, ou pour mieux dire il n'auroit aucun besoin d'être gouverné. Or, le grand mérite, mérite particulier aux législateurs et aux philosophes de l'antiquité, c'est qu'ils ont gouverné des hommes déraisonnables, et celà par la volonté de ces hommes mêmes. La profonde connoissance qu'ils avoient du cœur humain, leur fournissoit le moyen de parvenir à ce bût. Mais revenons à nos songes.

J'étois amoureux, il y a environ quatorze ans, d'une jeune dame d'un mérite distingue, possédant au plus haut degré tous les agrémens de son sexe, avec les autres qualités qui devoient me faire desirer ardemment une union pour la vie. Cependant, ses parens ne voulurent point consentir à notre mariage. J'employai tous les moyens possibles pour lui persuader de quitter la maison paternelle, et venir m'épouser, mais inutile-

ment. Notre attachement mutuel donna beaucoup d'inquiétude à ses parens. Enfin, les mauvais traitemens
qu ils lui firent essuyer à mon sujet, effectuèrent ce que
toutes mes prières n'avoient pu faire. Elle m'écrivit
donc que dans trois jours elle s'enfuiroit de chez son
père, pour m'épouser. Cette lettre avoit été écrite à dix
ou onze heures de la nuit, et fut mise dans un paquet
de livres qu'on devoit remettre à mon domestique le
lendemain matin. Malheureusement pour nous, sa
mère s'étant levée de meilleure heure qu'à l'ordinaire,
vit le paquet, l'ouvrit et y trouva la lettre. Elle va de
suite trouver sa fille, et lui fait les reproches les plus
amères. Mais celle-ci ayant promis qu'elle ne s'enfuiroit
pas, l'affaire fut raccommodée, sous la condition que
la mère n'en diroit rien au père, et qu'il seroit permis
à la demoiselle de m'écrire, pour m'informer de ce qui
venoit de se passer. Dans cette lettre, qui renfermoit
la première, ma maîtresse m informoit qu'elle étoit
décidée à ne point s'évader, conformément à la parole
qu'elle avoit donnée. Quoique notre attachement mutuel fût assez connu, tout le monde l'avoit pris pour
une simple liaison d'amitié; car je n'avois fait part de
mon amour à personne, pas même à mon frère. Cependant, d'après la réception que j'avois eue chez le père
de cette demoiselle, la dernière fois que j'y fus, je
jugeai à propos de ne plus y aller. Me voyant donc
exclu de cette maison, je pris le parti de communiquer
mon secret à mon frère, pendant que nous étions en
route pour nous rendre aux assises de notre comté, le
jour même où la lettre fut interceptée, malheur dont,
au reste, je n'avois pas la moindre connoissance, attendu que nous étions partis de chez nous avant le
retour de mon domestique. En conséquence, je lui fis
part d'abord de ma passion pour cette jeune personne,
et ensuite du songe que j'avois eu la nuit précédente.
Mon amante m'avoit apparu, et après avoir dit : *je*

viens vous faire un long adieu, avoit disparu à mes yeux. Mon frère me dit que je ne devois pas m'inquiéter d'un songe, et certes il n'eut pas grande peine à me rassurer, attendu que ni lui, ni moi, n'y avions jamais cru. Cependant cette vision m'avoit dit la vérité, car depuis ce tems, mon amante et moi nous ne nous sommes jamais parlé. De ce fait, ceux qui me regardent comme un homme digne de foi, conclueront que pendant le sommeil il peut exister une communication entre nos ames. D'ailleurs, le témoignage de mon frère suffit pour prouver ce fait, attendu que c'étoit un homme intact du côté de l'honneur et de la véracité. Comme il y a maintenant plus de quatre ans que tout commerce de lettres entre lui et moi est interrompu, et qu'il le sera probablement pendant plusieurs années encore, la certitude de ce fait peut être établie au-delà de toute espèce de doute, sur-tout si l'on fait attention qu'il n'a pu exister aucune espèce de collusion entre lui et moi. Ce songe, non-seulement prouve qu'il peut exister une communication entre nos ames, mais elle démontre également que l'ame séparée du corps peut prévoir ce qu'il lui est impossible de prévoir quand elle y est unie. En effet, l'ame de cette demoiselle, en m'écrivant la première lettre, ne savoit pas qu'au lieu de nous unir en trois jours, de manière à ne plus nous séparer, nous ne nous verrions pas de quatorze ans, et peut-être pas de tout le reste de nos jours ; mais elle le savoit bien pendant qu'elle étoit dégagée du corps. Alors elle prévoyoit bien que cette lettre seroit interceptée le lendemain, ainsi que les conséquences qui en devoient résulter. J'ai tout lieu de présumer que cette demoiselle n'a eu aucune connoissance de ce fait. Et je conclus delà que nous n'avons aucun sens intime de ce qui se passe dans notre ame, quand il lui arrive de se séparer d'avec le corps. C'est encore une conséquence du fait que j'ai cité, que l'ame dégagée du corps par la mort, possède la même faculté par rapport aux vivans. J'avois oublié de dire qu'il y avoit une distance de deux lieues en ligne droite, entre la maison du père de mon amante et la mienne. Maintenant je demande aux matérialistes qui soutiennent que nous ne sommes que des machines, par quel mécanisme il peut se faire que notre corps ait pu prévoir une chose absolument imprévue et invraisemblable. Plusieurs personnes me blâmeront sans doute d'avoir divulgué ce fait; mais je dois les informer que cette demoiselle est aussi bonne patriote que moi-même; et si, en publiant ce songe, je peux contribuer à détruire ces doutes, qu'on a assez généralement au sujet de la distinction de l'ame d'avec le corps, et ainsi donner aux mortels une perspective plus heureuse pour l'avenir, je suis persuadé qu'elle y trouvera un bonheur plus réel qu'elle n'en auroit pu goûter en épousant l'homme à qui elle avoit donné son cœur. Quant aux égoïstes, qui me reprocheront d'avoir manqué de délicatesse en publiant un pareil fait, je ne m'inquiète nullement de ce qu'ils pourront dire. S'ils étoient conséquens avec eux-mêmes, ils devroient louer la force d'ame qu'a montré cette aimable personne en domptant une passion qui devoit être très-forte, comme le prouve incontestablement la communication qui existoit entre son ame et la mienne pendant le sommeil. Maintenant je vais citer un autre fait de la même nature. Pendant les huit jours qui précédèrent mon départ de Hambourg, d'où je devois partir pour la Hollande en 1796, je rêvai trois nuits successivement que je me trouvois dans une détresse extrême, faute d'argent, et réduit aux privations les plus douloureuses, dans un pays où j'étois absolument inconnu. Après une intervalle de deux nuits de plus, j'eus une répétition du même songe. Ce pressentiment ne fut pas faux. Ma correspondance avec mes amis

ayant été interceptée par le gouvernement anglais ,
je fus réduit à ne vivre que de pain , de lait et d'eau ,
pendant dix-huit mois que j'ai passés en Hollande. J'y
ai même passé les trois hivers suivans sans feu. Après
que j'eusse surmonté la misère du premier hiver , je
ne fis plus un secret de ces songes , croyant que mes
malheurs approchoient de leur fin. Mais j'y fus cruel-
lement trompé , comme vous avez vu. Cependant ,
j'observois toujours en badinant , car je n'ai jamais
perdu courage , que certainement je n'étois pas destiné
à mourir d'inanition , attendu qu'une pareille mort ne
m'avoit pas été prédite en songe. Cependant tout le
monde pensoit le contraire , et avec bonne raison , car
j'étois bien près de périr de misère , quand je fus
tout d'un coup tiré d'une position si cruelle.

Le Républicain. Je suis étonné que vous ayez pu résister à tant de prédictions repétées , sur - tout après
l'expérience qu'auroit dû vous donner l'apparition de
votre maîtresse.

L'Auteur. A cela je n'ai qu'une chose à répondre :
c'est que, si je me connois bien, quand j'aurois de
suite trois cent soixante-cinq songes qui m'ordonne-
roient une chose quelconque, ils ne m'empêcheroient
pas de suivre les principes de ma raison, si celle-ci
m'ordonnoit d'adopter une marche contraire ; et je
conçois qu'il faut être à la vérité très-foible , pour aban-
donner les principes de la raison, seul guide que nous
ayons, pour suivre ce qui peut-être ne seroit que l'*ignis
fatuus* d'un songe.

Le Républicain. Dans ce cas les songes ne peuvent
servir à rien, quand même ils seroient causés d'une
manière surnaturelle par la divinité.

L'Auteur. C'est ce que je ne pense pas , quand même
il ne s'agiroit que des songes excités par l'ame des
vivans ou des morts. Mais quant à ceux excités par
notre créateur , s'il y en a, ils ne peuvent, que

nous être utiles. Bien que je ne pense pas que des songes doivent avoir la moindre influence sur notre conduite ici bas, cependant je suis loin de croire qu'ils ne sont d'aucune utilité. Le premier songe dont j'ai parlé, joint à quelques autres que je vous citerai bientôt, m'ont convaincu de deux points importans ; savoir que l'ame est distincte du corps, et qu'elle peut agir sans lui ; deux vérités auxquelles je ne croyois pas, attendu qu'alors j'étois matérialiste. L'accomplissement si inattendu de cette prédiction, contribua beaucoup à dissiper les préjugés que j'avois alors sur ce point. Mais revenons à notre sujet. Demeurant à Londres, il y a neuf ou dix ans, je rêvai quatre ou cinq fois dans l'espace d'environ quinze jours, que je lisois de la poesie grecque ou latine, ce qui m'etonnoit d'autant plus, qu'alors je ne savois par cœur que fort peu de vers grecs ou latins. A chaque songe successif le nombre de vers augmenta, et au dernier ils dûrent être au nombre de trente au moins. Deux ou trois nuits après, je crus voir en songe un ami qui me disoit : *Venez, je vais vous montrer la plus belle femme que vous ayez jamais vue.* Je le suivis. Mais au lieu d'une beauté, je ne vis, quand on ouvrit la porte, que la vieille la plus hideuse que mes yeux ayent jamais contemplée. Sur quoi je fis en rimes croisées un impromptu de huit vers, dont j'oubliai de suite les deux premiers, mais dont je retins les six autres pendant quelques jours. Dans ces vers, il s'agissoit du desir qu'ont toutes les femmes de vivre long-tems, mais j'y disois en même-tems qu'aucune ne voudroit acheter une longue vie au prix de tant de laideur. Dans la soirée de ce jour, je ne pus m'empêcher de faire part de ces rêves poetiques à *Capel Loft*, que je vis alors pour la première fois chez madame *Jebb*, veuve du célèbre docteur John Jebb, femme digne du plus

estimable des hommes. Si je n'vois pas réellement
eu ce songe, je n'aurois pas osé en faire mention,
sur -tout en présence d'un homme du plus grand mérite, dont j'étois infiniment jaloux de gagner l'estime.
Les importantes questions de la liberté, de la nécessité, et par conséquent du matérialisme, occu-
poient alors en Angleterre le monde savant, et je
croyois que mes songes jetteroient quelques lumières sur la question, attendu que d'après le matérialisme, on n'auroit jamais pu expliquer les vers
que j'avois faits, moi qui éveillé, n'avois jamais pu
faire un seul vers de ma vie. Autre fait. Dans ma
dix-huitième année, lorsque je commençois à étudier
l'astronomie, je conçus en songe l'idée d'un planétaire,
quoique je n'en eusse jamais vu un auparavant, ni
plusieurs années après ; et ceci est d'autant plus extraordinaire, que mes talens pour la mécanique ne
surpassent pas ceux que j'ai en poésie. Cependant ce
songe me fut de quelque service, car toutes les fois
que je rencontrois quelques difficultés en astronomie,
je n'avois qu'à me rappeler mon planétaire, et de suite
la solution se présentoit d'elle-même. Ce songe me
parut dans ce tems-là très-singulier, et j'en ai fréquemment fait mention à mes camarades de collége, ainsi
qu'à plusieurs autres personnes depuis, qui ne m'en ont
paru nullement étonnées. Quoiqu'il en soit, il s'ensuit
des faits que je viens de poser, qu'il est possible que
plusieurs découvertes aient été communiquées en songe
et exécutées ensuite ; et c'est ainsi que plusieurs inven-
teurs aient reçu l'approbation de leurs contemporains
et de la postérité, sans avoir eu le mérite de l'invention Je suis persuadé que si un bon mecanicien avoit
eu le même songe que moi, il auroit pu exécuter
un planétaire bien plus parfait que tous ceux que j'aie
jamais vus. Quant à moi ce songe fut perdu, et je n'en
ai tiré d'autre parti que celui dont j'ai déjà parlé. Or ,

je

je demande à ceux qui veulent que l'ame ne soit pas une substance distincte du corps , comment est-il possible que pendant mon sommeil , j'aie eu en poésie et en mécanique des talens que je n'ai jamais pu avoir étant éveillé ? A présent je vais citer un songe d'une nature différente. Je m'endormis aprés souper, il y a environ six ans , chez ce M. *Flood* , dont j'ai déjà parlé. C'étoit la première fois qu'une pareille chose m'arrivoit, dans la compagnie des dames. Cependant on n'y fit pas attention , car on s'étonnoit comment une personne aussi foible que moi pouvoit soutenir , sans y succomber , les fatigues auxquelles je m'exposois alors. A mon réveil je fus un peu honteux , et je demandai à la nièce de M. *Flood* , demoiselle de beaucoup de bon sens , si j'avois dormi long-tems ? Elle me répondit, *environ une minute.* Je la regardai , croyant qu'elle ne m'avoit fait une pareille réponse que pour me tranquilliser. Mais elle me répondit encore *une ou deux minutes tout au plus* , et pour le prouver , elle dit : *M. un tel a donné le dernier toast, c'est maintenant votre tour.* Cette conversation , qui se passa à voix si basse qu'à peine pouvoit-on l'entendre, attira cependant l'attention du reste de la compagnie, qui d'une voix unanime prononça que je n'avois dormi qu'une ou deux minutes. Or, pendant ce court sommeil, j'eus un songe qui, à ce qui me parut à mon réveil, devoit prendre au moins une heure , et qui, après un mûr examen , m'a paru avoir duré au moins une demi-heure. Ce songe prouve que l'ame doit être d'une nature entièrement distincte de la matière, qui certainement n'est pas susceptible d'une succession si rapide d'idées. Il résout de plus une difficulté que j'ai toujours eue au sujet de l'autre vie , où il ne m'a pas paru convenable que les savans et les ignorans fussent confondus ensemble. Mais ce songe, ainsi

M

que plusieurs autres, m'ont appris qu'une ame entièrement ignorante peut, en très-peu de jours après sa séparation d'avec le corps, acquérir toutes les connoissances d'un Aristote ou d'un Théophraste. Il confirme de plus le jugement de Virgile, au sujet de ceux qui seront admis à l'Elysée, attendu que ce degré de bonheur dépendra de la bonté et de la pureté du cœur, et que le defaut de connoissances acquises sera promptement réparé. Cette rapidité avec laquelle l'ame fait toutes ses opérations, quand elle est dégagée du corps, jointe aux autres facultés qu'elle possédera quand elle en sera séparée, peut consoler ceux qui ont sacrifié au service des hommes ce qu'ils ont de plus précieux, leur tems, attendu que quand leurs ames se trouveront dégagées du corps, deux ou trois heures suffiront pour réparer cette perte.

Le Royaliste. Ce que vous avez avancé, ainsi que les conséquences que vous en avez tirées, m'étonnent réellement. Vous m'avez presque converti ; car quelqu'objection que je vous fasse, vous trouvez de suite dans votre système une réponse pour la résoudre. Cependant vous me paroissez croire que les ames des morts peuvent avoir une communication avec celles des vivans. Je pense que sur ce point vous allez trop loin. Il me paroît que le createur a mis entre le *present* et *l'avenir* un voile impénétrable, et de-là provient, dans mon opinion, cette horreur que nous inspire l'idée des ames, même de nos amis defunts, comme si elles avoient le pouvoir et l'intention de nous faire du mal.

L'Auteur. Et moi, j'ai mes doutes sur l'impénétratrabilité de ce voile, non que je veuille assurer qu'il n'existe pas. Cependant, si réellement ce voile existe, les poëtes philosophes qui, pour produire des effets tragiques, ont supposé une communication entre les vivans et les morts, se sont écartés de la nature quoiqu'ils l'aient suivie parfaitement bien dans tous les autres cas. Quoi qu'il en soit, je ne saurois m'empêcher d'avoir des doutes à ce sujet, en conséquence des deux autres songes que j'ai eus, et dans chacun desquels je crus voir mon pere se présenter devant moi d'une maniere faite pour inspirer le plus grand respect Il me parla, comme auroit parlé un de ces anciens philosophes qui connaissoient parfaitement le cœur humain, et me décrivit tous les dangers auxquels s'exposent ceux qui bravent l'univers entier pour soutenir la cause de ce qu'ils croient être la vérité et l'humanité. Quoiqu'à chaque fois j'eusse pris ces visions pour des songes ordinaires, cependant je ne pus jamais rendre compte de la maniere supérieure dont mon pere traita ce sujet, maniere infiniment supérieure à tout ce que moi ou aucun de mes amis aurions pu inventer sur ce sujet. D'ailleurs, ces deux songes m'arrivèrent à deux époques très-critiques de ma vie. J'eus le premier il y a environ vingt ans, après que je me fus séparé d'avec ma femme, ou, pour mieux dire, après qu'elle se fût séparée d'avec moi. L'autre fut antérieur au songe, où la dame à qui j'étois tellement attaché m'apparut pour me dire un long adieu. Quant au premier, si je n'étois pas chrétien, je n'aurois pas été assez sot pour vivre autant de jours que j'ai vécu d'années avec une femme que je détestois, et dont la coquetterie auroit suffi pour lui enlever le cœur de quelqu'homme que ce fût. Cependant je ne lui avois point fourni le moindre prétexte de se plaindre de moi. Aucun de nos amis n'avoit le moindre soupçon de notre separation. Mon frère même, à qui je ne cachois rien, n'en fut instruit qu'après qu'elle s'effectua ; mais j'étois résolu de ne plus vivre de la maniere déraisonnable dont j'avois vécu jusqu'alors, et voilà ce qui la décida à se séparer d'avec moi. Quant à la jeune dame avec laquelle je voulois former une union , mon ame étoit en proie à l'inquiétude la plus déchirante. Je craignois qu'en épousant un homme non encore divorcé par acte du parlement, de sa première femme, et par conséquent incapable de contracter une union autorisée par les lois , elle ne s'exposât aux insultes de la partie inhumaine et brutale de son propre sexe, ce qui peut-être abrégeroit ses jours. Je sentois, il est vrai, qu'en allant résider en pays étranger je pourrois éviter tous ces désagrémens ; mais en le faisant, il auroit fallu renoncer à l'idée d'être plus utile à mon pays ainsi qu'au genre humain. Mes amis philosophiques et littéraires , tant en Angleterre qu'en Irlande , m'ont fréquemment observé qu'ils connoissoient plusieurs personnes , de beaucoup mes supérieurs en connoissances et en talens, et qui croyoient à une vie future, mais dont aucun ne paroissoit y croire avec une confiance aussi parfaite que moi. Ils m'ont fréquemment prié de leur développer les raisons de cette confiance. Mais à cet égard, j'ai toujours gardé le silence , craignant de ne pas être cru , ou de passer pour un homme superstitieux , et par conséquent de voir diminuer le nombre de mes amis. Cependant , ce furent les deux songes où mon père m'apparut, qui furent la cause de ma confiance dans une vie à venir. Ces songes jettèrent un poids de plus dans la balance , et me persuadèrent d'une vérité dont jusqu'alors je n'avois été que convaincu.

Le Royaliste. Quel âge aviez-vous lors de la mort de votre père, et quel homme étoit-ce que celui-ci ?

L'Auteur. J'avois six ans. Quant à mon père, il n'y avoit dans le pays qu'une seule opinion sur son compte. On dit unanimement qu'il étoit le meilleur homme qui y fût.

Le Républicain. Les faits de cette nature ne sont pas susceptibles d'être prouvés ; et pour y croire, on n'a d'autre garantie que la véracité de celui qui les raconte.

L'Auteur. Cela est vrai, non-seulement des opérations de l'ame pendant le sommeil, mais aussi pendant que nous sommes éveillés. Ceci me rappelle un fait qui me paroit plus surprenant et plus difficile à expliquer que tous les autres, que j'ai cités jusqu'à présent. A mon retour de mes voyages sur le Continent, il y a dix-huit ans, je pris, pour me rendre en Irlande, le chemin de Liverpool où j'avois quelques amis, particulièrement le révérend docteur Crigan, aujourd'hui évêque de *Sodor* et *Man*. Deux ou trois jours après mon arrivée, le docteur me proposa de passer avec lui la soirée chez M. Dickson, négociant respestable de cette ville, dont j'avois fait la connoissance pendant un séjour précédent que j'y avois fait. Nous nous y rendîmes de bonne heure, et nous y restâmes jusqu'à une heure après minuit. Le lendemain matin je passai chez le docteur, qui, après une conversation de peu d'importance, me dit enfin : *Savez vous comment vous vous êtes comporté hier au soir ?* — A ma manière ordinaire, sans doute, répondis-je. — *Point du tout*, dit-il, *la conversation s'étant tournée sur la religion, après souper, vous avez soutenu la cause de l'athéisme avec autant et peut-être plus d'ingénuité, que je ne vous en ai jamais vu employer pour défendre le christianisme, auquel cependant, à ce que vous m'assurez, vous n'avez pas renoncé dans le cours de vos voyages. Bien plus, non-content d'avoir défendu l'athéisme, vous avez attaqué le christianisme, et vous avez paru bien fier toutes les fois que vous réfutiez un argument de votre adversaire, et toutes les fois que vous lui faisiez une objection, sans qu'il pût y répondre.* — Vous m'étonnez, lui dis-je, je ne m'en souviens nullement. Certes vous vous amusez à mes dépens. — Le docteur m'assura, de la manière la plus solemnelle, qu'il ne disoit que la vérité. Je lui observai que je n'étois pas dans un état d'ivresse, et lui répétai tout ce que nous avions dit en nous rendant de chez M. Dickson chez lui, et je lui nommai les rues par où nous avions passé. — *Non*, me répondit le docteur, *vous n'étiez pas ivre, vous étiez parfaitement dans votre bon sens. D'ailleurs*, continua-t-il, *vous avez commencé de suite après souper, et la conversation, qui a roulé principalement sur cet objet, a duré jusqu'à notre départ. Cependant je suis charmé de voir que vous n'ayez aucun souvenir de ce qui s'est passé. Ainsi vous consentirez sans doute à m'accompagner ce matin chez M. Dickson, pour l'instruire de vos vrais sentimens, pour lui dire que vous êtes chrétien, et que vous n'avez pas le moindre souvenir de ce qui s'est passé hier au soir. Je ne vous proposerois pas une telle démarche, si je ne connoissois pas vos vrais principes sur la religion. D'ailleurs, vous savez vous-même combien il paraîtroit indécent de ma part, d'introduire dans une famille respectable et connue par sa piété, un athée assez imprudent pour avouer hautement de pareils principes, et les défendre devant des étrangers.* Je lui répondis que j'étois prêt à l'accompagner, mais que je me sentois un peu embarrassé, en me voyant obligé de m'excuser pour une chose dont je n'avois pas la moindre connoissance. Je le suivis, et après que j'eus dit ce que je croyois convenable, M. et madame Dickson m'assurèrent que ce que le docteur Crigan m'avoit dit étoit la plus exacte vérité. Par conséquent je ne pus plus en douter. Dans une visite que je lui fis, quatre ans après, à l'île de *Man*, cet évêque m'assura de la même chose. Pendant les dix-huit ans qui se sont écoulés depuis cette affaire, je ne connois rien qui se soit présenté plus fréquemment à mes pensées, et je ne saurois expliquer ce fait singulier que par une supposition qui sans doute doit paroître extravagante ; c'est que mon *nous* ou ame raisonnable avoit quitté mon corps pendant cette conversation , et qu'une autre ame occupoit sa place. En effet , dire que j'ai tout de suite oublié une si longue conversation , ce seroit une absurdité ; car , quelque longue que soit une conversation , j'ai la mémoire assez forte pour la répéter toute le lendemain , quand bien même j'aurois été dans un état d'ivresse. Mais quant à celle dont nous parlons , je n'en ai pas eu aucun souvenir ; sinon une légère réminiscence que nous avons parlé de religion. Je dois observer de plus qu'à cette époque je n'étois nullement capable de défendre la cause de l'athéisme avec le moindre degré de plausibilité ; encore moins pouvois-je mériter les éloges que me prodigua l'évêque , sur la manière ingénieuse dont j'avois soutenu cette opinion.

Le Royaliste. Je vous avoue que vous m'étonnez.

Le Républicain. Et moi aussi.

Le Royaliste Le planétaire que vous avez vu en songe me rappelle une idée très-singulière des anciens philosophes , idée que vous avez adoptée , si je m'en souviens. Ils croyoient que les planètes étoient mues dans leurs orbites, par des ames ou esprits. Vous savez sans doute qu'il est démontré depuis long-tems que ce mouvement est l'effet nécessaire des forces centripète et centrifuge, agissantes sur les masses des corps célestes.

L'Auteur. Je n'ignore pas absolument ce système de nos astronomes modernes ; malgré que je ne sois pas bien versé dans cette partie des connoissances humaines. Cependant il me paroît absolument inconcevable que la matière inerte puisse surmonter les perturbations auxquelles les planètes sont quelquefois sujettes dans leurs orbites , quelque peu considérables que soient ces perturbations. Autant vaudroit-il, ce me semble, dire que la matière brute peut se donner de l'énergie pour agir, ce qui dans mon opinion seroit une contradiction. Mais adméttons pour un instant que la matière inerte est capable de le faire. Je voudrois savoir ce qui cause le mouvement du soleil. Je ne parle pas ici de son mouvement sur son axe, ni de cet autre mouvement par lequel, en vertu de l'action des planètes sur lui, il se meut à quelque distance de son centre, et n'occupe pas toujours la même place. Mais je veux parler de celui qu'ont les étoiles fixes, dont le soleil est une, et en vertu duquel elles paroissent suivre des lignes droites dans l'immensité de l'espace. Si ce mouvement est en ligne droite, il ne peut provenir des forces centripète et centrifuge. Si les planètes décrivent des courbes, telles que des éllipses ou des paraboles, il doit y avoir quelqu'autre corps assez considérable pour contre-balancer par son attraction la force centrifuge du soleil. Or, cela ne peut pas être; attendu que les étoiles fixes subiroient souvent des occultations, causées par un corps tellement immense et qui devroit avoir une force suffisante pour vaincre la force centrifuge, non-seulement de notre soleil, mais aussi des autres étoiles, et pour les retenir dans leurs orbites, par sa force d'attraction; car nous ne pouvons pas supposer qu'un pareil corps ait été fait uniquement pour notre soleil. De plus, si un pareil corps existoit, il auroit sur les comètes dans leurs aphélies, un effet si puissant, qu'elles viendroient bientôt en contact avec lui, pour ne plus s'en séparer. Je dis donc que ce mouvement rectiligne ou curviligne des étoiles, démontre, à mon avis, que celui des planètes, quelle qu'en soit la cause, ne vient pas nécessairement des forces centripète et centrifuge, mais qu'il peut venir d'une cause pareille à celle qui a produit les mouvement des autres étoiles fixes. Or, nous voyons sur

la

la terre que les corps auxquels une ame est jointe,
se meuvent dans la direction qu'ils veulent, et que les
corps inanimés restent là où le hasard les a jetés; et
comme il ne faut point multiplier les causes sans nécessité, selon l'axiome des modernes, je ne vois point
pourquoi l'on assigneroit pour le mouvement des planètes une autre cause qu'une ame, à moins qu'on ne
veuille soutenir qu'une ame est incapable de leur donner le mouvement qu'elles ont dans leurs orbites, ce
que sans doute aucun physicien n'osera avancer. D'ailleurs il ne me paroît pas vraisemblable que des corps
composés de matière inerte puissent agir les uns sur les
autres, à des distances tellement immenses, et qu'on
suppose n'être qu'un vuide absolu. On attribue cette
qualité aux corps célestes, parce que ceux que nous
voyons sur la terre agissent de cette manière les uns
sur les autres. Mais ces derniers ne sont pas séparés et
ne peuvent l'être par un vuide absolu; par conséquent
cet argument ne prouve rien. Non que je veuille croire
que ces espaces soient des vuides absolus, et les queues
de comètes ayant une direction opposée à celle de leurs
mouvemens, semblent prouver qu'ils ne le sont pas.
En effet, les argumens de ceux qui soutenoient que ces
espaces sont des vuides, parce qu'ils voient les comètes
y marcher dans tous les sens, ne peuvent servir que
contre les partisans des forces centripète et centrifuge;
mais ils ne peuvent servir de rien contre moi, qui attribue à des ames ou à des esprits, le mouvement de
ces corps, de même que dans un tems calme on marche
également sans gêne dans toutes les directions, et suivant les physiciens modernes, il ne peut exister ni
vent, ni ouragan dans cés régions, les causes qui les
produisent n'y existant pas. D'ailleurs, il restera toujours à ces astronomes mécaniciens de prouver comment ces immenses corps ont reçu un mouvement si

N

violent, qui selon eux, durera pendant toute l'éternité. Je dois observer de plus que cette vérité du mouvement des corps célestes , par le moyen des esprits ou des ames , a été étouffée par quelques conséquences qu'on tiroit directement du christianisme : et, ce me semble, il est du devoir des sincères amis de la vérité , d'examiner de nouveau des anciennes opinions qu'on a rejettées , de peur que la cause que j'ai assignée à l'égard du mouvement des planètes ne se trouve être la véritable. Au reste, j'aurois laissé en paix les astronomes modernes, si je n'étois indigné de la légèreté avec laquelle ils avancent des systêmes mécaniques qui , si on ne les prévient pas , détruiront l'espérance d'une vie future, espérance qui, au milieu des maux de cette vie , fait l'unique consolation des malheureux, mais qui deviendra de jour en jour plus foible , et sera enfin anéantie. Les astronomes , en prédisant les phénomènes célestes, impriment au vulgaire une idée extraordinaire de leurs connoissances , et par conséquent tout ce qu'ils avancent a le plus grand effet sur le peuple. Mais quand un de ces grands hommes s'avoue publiquement athée, ou quand pour expliquer les merveilles de la nature, il avance des *systêmes mécaniques* , qui détruisent la croyance d'une première cause, dont dépend l'espérance d'une autre vie, que de maux ne doit-il pas produire en diminuant ainsi le bonheur de ses semblables ! Que diroit un de nos savans d'un tyran qui en parcourant ses états, s'amuseroit à faire couper par ses satellites les bras ou les jambes de ses esclaves? Que diroit-il de ces compagnies mercantiles , qui accaparent les productions de la terre pour créer une famine et augmenter leurs immenses richesses aux dépens de la misère publique? Certes il leur prodigueroit les épithètes les plus outrageantes. Et cependant ce tyran, ces marchands sont plus excusables que vos savans. Le premier , par tant de cruautés , peut avoir

en vue l'affermissement de son pouvoir ; les derniers,
l'augmentation de leur fortune. Mais quand je vois des
hommes, dont l'ame devroit être adoucie par l'étude
des lettres, publier légèrement des opinions d'autant
plus dangereuses qu'elles détruisent le bonheur, non-
seulement de la génération actuelle, mais aussi de
toutes celles à venir, c'est ce qui m'étonne au-delà de
tout ce que j'aie jamais vu. Et quel est leur but ? En
bravant ainsi le ciel ils veulent s'attirer l'admiration
des sots, et s'assurer le titre de *philosophe moderne*. Et
qu'on ne dise pas que mutiler des hommes ou créer
une famine est bien plus atroce que de répandre de
pareilles opinions. Interrogez les pauvres ; eux seuls ont
le droit de prononcer dans cette question. Eh bien !
ils vous diront qu'ils aimeroient mieux courir les ha-
sards d'être mutilés, ou subir les horreurs de la famine,
que de se voir enlever l'unique consolation, la seule
jouissance qui leur reste, au milieu des maux dont ils
sont accablés

Le Républicain. On voit clairement contre qui cette
sortie est dirigée. Je vous assure cependant qu'il n'y a
point de classe d'hommes plus sincèrement dévouée au
bonheur de leurs semb'ables, que ne le sont nos philosophes, et s'ils étoient persuadés que leurs écrits
dussent produire, même la millième partie des maux
dont vous parlez, ils ne les auroient jamais publiés.

L'Auteur. Je n'en doute aucunement. Mais comme
dit le proverbe, les gens prudens regardent avant que
de sauter.

Le Républicain. Vous croyez que les êtres qui nous
ont créés s'intéressent à nous d'une manière particulière, ou comme on dit ordinairement, vous croyez à
une providence particulière ?

L'Auteur. Il n'y a rien dont je sois plus persuadé.
Sans elle je ne conçois pas comment les langues auroient
pu se former ; car, dans mon opinion, inventer une

langue, quelque grossière ou quelque barbare qu'elle puisse être, est au-dessus des facultés humaines. Je crois donc que c'est de leurs créateurs que les hommes ont appris ce qui fait le fonds des langues qu'ils parlent, savoir, l'articulation. Je crois de plus que l'idée de classer les étoiles en constellations, qui ne ressemblent à aucun objet quelconque, ne s'est jamais présentée d'elle-même à l'esprit humain. Je crois, au contraire, qu'elle y a été imprimée par les êtres créateurs, pour nous prouver d'une manière incontestable, la fausseté des religions prétendues révélées, ou même des opinions qui nous entraînent à l'athéisme, et qui, bien qu'elles puissent d'abord avoir leurs avantages, en détruisant le christianisme, cependant doivent à la longue, ainsi que toutes les autres faussetés, nuire infiniment au bonheur de l'espèce humaine. En effet, les observations astronomiques des Indiens remontent à une époque bien plus reculée que le prétendu déluge de Noé, ce que nous pouvons voir dans le très-curieux Essai sur le Nil, troisième tome *des Recherches asiatiques*. D'ailleurs, la division des étoiles en constellations a été connue avant Homère, c'est-à-dire, il y a quatre mille ans, suivant le savant Dupuy. Or, le dernier de ces faits, quand le premier n'y suffiroit pas, et quand même il ne se trouveroit point d'autre preuve, démontre d'une manière incontestable, la fausseté du christianisme ainsi que du judaïsme. Et par une semblable raison, le mouvement du soleil et des étoiles détruit l'athéisme, dont la vraie base est un système méchanique, fondé sur les forces centrifuge et centripete.

Le Républicain. Ces inductions sont ingénieuses ; mais vous avez parlé des langues. Vous croyez donc qu'il y en a eu plusieurs de révélées ?

L'Auteur. Quant aux bases des langues, je le crois ; et je crois de plus que nos premiers parens n'ont pas été un seul homme et une seule femme, mais plusieurs hommes et plusieurs femmes dispersés sur les débris de ce monde, qui avoit été habité précédemment, suivant l'idée du célèbre *Boulanger*. Ainsi, dans mon opinion, les peuples qui diffèrent matériellement les uns des autres, ont une origine différente. Le système qui donne la même origine aux hommes, quelle que soit la différence de leur conformation physique ou des langues qu'ils parlent, présente trop de difficultés pour qu'on puisse l'admettre, et, quoique attribuer aux Etres finis qui nous ont créés, la formation des langues que nous parlons, ainsi que la classification des étoiles en constellations, ne présente point de difficultés insurmontables, cependant attribuer ce pouvoir au grand Etre, présenteroit des difficultés insurmontables ; ce qui est une preuve de plus que nous ne sommes pas les créatures de ce dernier.

Le Républicain. A propos. Laquelle des deux langues préférez-vous, la française ou l'anglaise ?

L'Auteur. Sans contredit, je préfère la française pour la composition. Bien que je ne sois pas en état de composer en français, cet avantage ne m'en paroît pas moins incontestable. Si une énorme disproportion entre les monosyllabes et les polysyllabes peut servir de regle à l'égard du barbarisme d'une langue, certes la langue anglaise est la plus barbare de toutes celles que je connoisse. Ouvrez un livre anglais quelconque, en prose ou en vers ; vous trouverez que les quatre cinquiemes des mots sont des monosyllabes, dont le son n'est gueres fait pour flatter l'oreille ; tels sont les mots, *the*, *this*, *that*, *who*, *which*, *where*, *when*, *would*, *should*, *could*, *etc.* Quels sons barbares ! En les prononçant, on peut dire qu'on a la bouche pleine de rien. Que les verbes auxiliaires employés pour former les modes et les tems de cette langue, sont barbares ! Ces sons durs, repetés à chaque instant, doivent écorcher les oreilles des étrangers accoutumés à des langues plus douces. D'ailleurs les verbes anglois n'ont que deux ou trois modifications. Il s'ensuit de tout ceci qu'il est impossible d'avoir en anglais un style coulant. Les Anglais, au contraire, qui ne connoissent pas les autres langues, ne voient point ces défauts, et prennent la leur pour une langue très-harmonieuse et très - coulante, de même que le Lapon qui n'est jamais sorti de chez lui, prend son pays pour un paradis térestre. Sous ce point de vue, votre langue surpasse l'anglaise : mais, en revanche, elle est bien loin d'être aussi sonore. En effet, supposons une douzaine de personnes assises à la même table. Si quatre ou cinq personnes y parlent français, et à-la-fois, que d'attention il faut pour saisir ce qu'elles disent ! Il n'en est pas de même si elles parlent anglais : une pareille attention n'est pas nécessaire. Au reste, il ne faut point attribuer mon opinion, sur ce sujet, à la difficulté que j'ai à entendre cette langue. *Jean-Jacques*, dans son Emile, en parlant des orateurs anciens, dit que les français ne brilleront jamais dans l'art oratoire, attendu que leur langue n'est pas assez sonore. Mais il y a encore d'autres raisons qui empêcheront non seulement les français, mais les autres peuples de l'Europe, de produire de grands orateurs, et qui même retardera leurs progrès dans la métaphysique, la physique, que dis-je, dans toutes les sciences. C'est la facilité que nous avons à parler et entendre nos langues grossieres et barbares, où les mots se trouvent placés dans l'ordre où ils se présentent à l'imagination. Par conséquent, il ne faut presque point d'attention pour entendre un orateur, et nous estimons plus, toutes choses d'ailleurs égales, les orateurs que nous entendons avec le plus de facilité. Or, moins nous donnons d'attention, plus l'impression est petite : et plus l'impression est petite, plus l'effet doit l'être. En arrangeant les mots dans l'ordre naturel des idées, nous ne pouvons point faire de véritables périodes, c'est-à-dire, de ces phrases artificiellement construites qui renferment un sentiment avec tous ses accessoires. Il n'en étoit pas de même des langues que parloient les Grecs et les Romains. Ces dernières étoient si artificiellement construites, qu'il leur importoit fort peu, quant au sens, dans quelle partie d'une période un mot étoit placé. Les désinences seules montroient les rapports que les différens termes avoient entr'eux. Ainsi, l'on y pouvoit former des périodes de cent cinquante mots, toutes parfaitement intelligibles, bien que le sens du premier mot dépendît souvent de l'énonciation du dernier. Les membres adjoints de ces périodes étoient renfermés dans des parenthèses, qui souvent en renfermoient d'autres encore. Il y avoit sur tous les polysyllabes des accens aigus, pour qu'ils fussent distinctement entendus, sans quoi il auroit été impossible de suivre un orateur. Que de netteté dans la prononciation ! Que d'art dans la déclamation d'une si longue période ! Combien de différentes inflexions de voix il falloit de la part de l'orateur, pour faire sentir ces parenthèses enchassées, pour ainsi dire, dans des parenthèses ! Que d'attention, que de promptitude de conception il falloit de la part des auditeurs ! De plus, dans ces langues, les mots étoient arrangés avec le plus grand art, pour unir l'harmonie à la clarté. Cette harmonie dépendoit du rhythme, qui à son tour dépendoit du plus ou du moins de facilité avec laquelle on prononçoit les mots, les uns après les autres, selon qu'ils commençoient par des voyelles ou des consonnes. La *quantité* des syllabes, c'est-à-dire, le plus ou le moins de tems qu'on passoit à les prononcer, fournissoit encore aux orateurs un moyen de donner à leurs périodes, selon les différens sentimens qu'ils exprimoient, une marche plus lente ou plus rapide, plus simple ou plus majestueuse ; en un mot, un rhythme et

une harmonie différente de celle de la poésie. Cette harmonie devoit faire une impression d'autant plus grande,
qu'elle paroissoit inspirée par la nature, et pas arran-
gée par l'art, ainsi qu'étoit celle de la poésie. Or, il est
impossible de faire la même chose en anglais, en français ou en italien ; et ceux qui ne connoissoient que ces
trois langues ne peuvent s'en former aucune idée. Réfléchissez maintenant aux effets étonnans que devoient
produire les Démosthènes, les Cicéron, dont l'esprit
étoit nourri des plus sublimes beautés de la morale,
dont la conduite répondoit à la morale qu'ils enseignoient, et dont les discours, où l'on trouvoit selon les
circonstances, le plus heureux mélange de périodes de
différentes longueurs, les charmes les plus séduisans du
rhythme et de l'harmonie, étoient toujours à la portée
de leurs auditeurs. Réfléchissez, dis-je, aux effets que
de pareils orateurs ont dû produire sur un peuple vif et
sensible, et vous ne vous étonnerez plus de toutes les
merveilles qu'ont faites les orateurs de l'antiquité. Un
autre avantage dont jouiroit un peuple civilisé parlant
une langue aussi artistement construite que la grecque ;
c'est que les citoyens y seroient obligés de prêter une
plus grande attention, pour suivre les orateurs, pour
saisir les vérités morales, historiques, etc. qu'on y enseigne, et pour goûter tous les charmes de la poésie.
Les sujets les plus difficiles et les plus abstraits deviendroient en peu de tems si familiers à un pareil peuple,
que dans les sciences, la littérature et les beaux arts,
il arriveroit bientôt à la plus haute perfection. En effet,
il n'y a rien qui donne du ressort aux facultés humaines, comme l'attention ; elle est la cause principale
de la différence qu'on trouve entre les hommes. C'étoit
cette attention qui a formé tant de philosophes à
Athènes, car je donne ce nom à tous les grands
hommes, peintres, sculpteurs, poëtes ou musiciens,

qui

qui connoissent le cœur humain, et qui savent tirer parti de leur art pour remuer les passions. Le poëte qui ne sait pas produire cet effet ne mérite que le titre de versificateur. Il en est de même des autres ; car, pour exceller dans les beaux arts, il faut être profond métaphysicien. C'est parce qu'ils manquent de cette connoissance, que nos artistes modernes sont tellement inférieurs à ceux de l'antiquité ; car, bien qu'elle seule ne suffise pas pour former un génie de la première classe, cependant sans elle on ne peut jamais devenir un artiste philosophe. Ainsi, ceux de vos compatriotes qui s'appliquent à l'étude des beaux arts, devroient commencer par étudier sérieusement le cœur humain. Cette science est l'ame des beaux arts ; c'est elle qui donne de l'invention, de la facilité pour l'exécution, ce que les modèles grecs ne vous donneront jamais, quoiqu'ils puissent vous aider à former une idée du beau. Si la connoissance de cette métaphysique est nécessaire aux artistes, combien plus nécessaire est-elle à votre gouvernement, qui doit régir des citoyens libres, et les contenir dans les bornes du devoir par leur propre volonté, et non par la force. Or, pour les raisons déjà citées et pour plusieurs autres également fortes, mais qu'il seroit trop long de rapporter, la langue française n'est guères faite pour l'étude de cette science, qui fait la base de tous les beaux arts. Donc, si vous voulez surpasser les autres peuples dans la culture des beaux arts et des belles lettres, vous commencerez à songer, au plutôt possible, aux moyens de changer la langue que vous parlez, ce que vous ne trouverez pas, au reste, si difficile qu'on l'imagine. Et dans ce cas, il faudroit, sans contredit, adopter la langue grecque, préférablement à toute autre. Par ce moyen, vos neveux, jusqu'à la génération la plus reculée, n'oublieront pas qu'ils sont les créatures d'un ou de plusieurs Êtres, qui prennent d'eux un soin particulier, et qui leur donneront une existence éternelle, en récompense d'une vie consacrée à la pratique des vertus sociales. Ils sentiront cette importante vérité, en voyant que la langue qu'ils parlent est un don de la divinité, et ne peut nullement être une invention humaine. »

Le République. Changer la langue d'un peuple est à mon avis une entreprise bien difficile.

L'Auteur. Ta kala kalepa. (1) Le moment de faire des grands changemens est quand le peuple est abattu par des malheurs, parce qu'alors il écoute la voix de la raison et obéit facilement à ses gouvernans. Pour augmenter en lui ces bonnes dispositions, il ne dépend aujourd'hui que de vos législateurs de changer la misère générale en bonheur universel. Or, le meilleur moyen de produire cet effet, c'est de mettre sur la farine de froment l'impôt que j'ai déjà recommandé. Cet impôt, en fournissant plus qu'il ne faudra pour les dépenses de l'état et pour employer 300,000 ouvriers, rétablira la circulation du numéraire, qu'on regarde avec raison comme le sang de l'état social, et guérira cette paralisie, qui a déjà presque causé la ruine du corps politique. L'emploi de ces 300,000 ouvriers et l'augmentation de leurs gages n'est pas nonseulement politiquement nécessaire, mais il faut absolument que vous exécutiez, bon gré malgré, une pareille mesure, pour vous garantir de la famine qui vous menace, pour fournir aux pauvres le moyen d'acheter de la viande, pour encourager le fermier à élever des bestiaux, pour produire des engrais et rendre la fertilité à vos champs épuisés. Ainsi, au lieu des emblêmes qu'on voit aujourd'hui sur vos monnoies, je vous recommanderois d'y substituer sur un côté une *libertas victrix*, avec la devise *crescit eundo*, et sur le

---

(1) *Les belles choses sont difficiles.*

revers , un laboureur bêchant la terre , avec celle-ci ; *haussez le salaire des laboureurs.* Ainsi , votre monnoie sera plus redoutée que vos livres métaphysiques , attendu qu'elle parlera une langue intelligib`e aux peuples.

Le Républicain. Ceci est admirable. Alors nous aurons une monnoie *révolutionnante.*

L'Auteur. Je dois observer de plus, en passant , que la solution de toutes les questions politico-économiques , proposées par les différentes sociétés en Europe , se trouve dans ces cinq mots : *haussez le salaire des laboureurs* , ce que prouve l'exemple de l'Angleterre , où cette augmentation , et non pas la sagesse du gouvernement , a produit tant de merveilles.

Le Républicain. Je vois que vous avez bien mérité le titre de *l'ami des pauvres.* Mais revenons à notre sujet. Vous croyez que nos créateurs sont des Etres bienfaisans , et par conséquent qu'ils ne nous veulent que du bien. Comment se fait-il qu'il y ait sur la terre des hommes vicieux et méchans ?

L'Auteur. Je vous ai déjà observé qu'il est nécessaire que de pareils hommes existent pour épurer la vertu des bons et pour les rendre encore plus vertueux par les persécutions et les malheurs qu'ils leur font essuyer. Les méchans même ne peuvent pas se plaindre du sort qui leur est réservé. Ils sentent bien que les crimes dont ils se rendent coupables , quoique prévus par leurs créateurs , sont néanmoins l'effet de leur propre volonté ; autrement , d'où viendroient les remords et les angoisses déchirantes qu'ils éprouvent aux approches de la mort ? C'est alors qu'ils sentent qu'eux seuls , et non la fatalité , sont coupables des crimes qu'ils ont commis. Pendant le cours de leur vie , la raison et leur conscience leur ont indiqué le vrai chemin qu'ils devoient suivre. Ils n'ont donc qu'eux-mêmes à blâmer s'ils s'en sont écartés. D'où il s'ensuit que le mal n'existe sur la terre que pour faire ressortir les vertus des gens de bien , et qu'à la rigueur ceux-ci ne peuvent point l'appeler mal , puisqu'il les a rendus et meilleurs et plus vertueux. C'est ainsi que nos créateurs épurent non-seulement la vertu des individus , mais aussi celle des peuples entiers , et c'est-là ce qu'on peut appeler *un optimisme raisonnable*.

Le Républicain. Vous croyez donc que ce qui arrive aux peuples ainsi qu'aux individus , peut leur être d'une grande utilité , s'ils savent en profiter ?

L'Auteur. Très-certainement ; et quoique la preuve de ceci dépende de nos réflexions particulières , et par conséquent , ainsi que les récits des songes , ne peuvent pas être démontrés à d'autres , et ne s'appuyent que sur la véracité de ceux qui les racontent ; cependant , ayant déjà cités quelques - uns de cette espèce , je vais maintenant en rapporter quelques-uns de l'autre , dont l'authenticité ne dépend pas uniquement de ma parole , mais aussi de celle de plusieurs témoins dignes de foi. Voyant en 1792 que les Français vouloient un gouvernement libre , et voulant de mon côté courir avec eux les chances de la révolution , je me décidai à vendre mon bien héréditaire en Irlande. En conséquence le lord Oxmantown m'en offrit 10,000 livres sterling. J'acceptai cette offre , quoi qu'elle fût bien au-dessous de la valeur réelle de cette terre , dont le revenu annuel montoit à 600 livres sterl. Mais , comme je l'ai observé , je voulois suivre le sort de la révolution française , dans le cas où ce lord s'en tiendroit à sa proposition.

Le Royaliste. Quoi ! un pair du royaume manquer à sa parole ! J'ai entendu dire qu'en Irlande même les dernières classes du peuple sont esclaves de leur parole. C'est incroyable.

L'Auteur. Peut-être. Ecoutez cependant la lettre que

m'écrivit à ce sujet son agent, le révérend Robert Moffet de Parkplace, dans le comté de Longford. « Mon cher » Hamilton, j'ai communiqué votre lettre à M. Har- » man (c'étoit le nom que portoit alors le lord Oxman- » town.) Il ne veut pas accepter votre proposition et » croit qu'il suffit de 10,000 livres sterl. » Cette lettre est datée du 17 juillet 1792. Or, chez nous, quand un agent négocie une affaire quelconque pour son princi- pal, c'est comme si ce dernier la négocioit lui-même.

Le Royaliste. Il en est par-tout de même, je crois.

L'Auteur. Le lord Oxmontown a eu cependant l'au- dace de déclarer sur son honneur (car dans les îles bri- tanniques les pairs du royaume ne sont pas obligés de prêter serment) qu'il n'avoit refusé de s'en tenir à sa pre- mière proposition, que parce que je ne l'avois pas ac- ceptée à tems. Les circonstances suivantes vous met- tront à même de juger quelle confiance cette déclaration méritoit. Au reçu de la lettre de M. Moffet, j'écrivis à deux de mes amis, ainsi qu'à mon frère, pour leur faire savoir que j'acceptois l'offre du lord Oxmantown. Je priai en même-tems mon frère de faire expédier les contrats et autres pièces nécessaires pour la vente. Quelques jours après, je reçus une lettre d'un certain capitaine Barnes, qui s'offroit alors comme candidat pour notre comté de Longford, et qui me prioit d'y passer, pour lui donner mon suffrage et mon appui. Il me marqua de plus qu'il étoit soutenu par le lord Oxmantown, et comme il étoit, pour ainsi dire, in- connu aux habitans du comté ainsi qu'à moi, il me disoit que c'étoit à l'invitation de ce seigneur qu'il m'écrivoit. Craignant que l'élection ne fût terminée avant mon arrivée, je partis de suite de Londres, et le troisième jour j'arrivai à Dublin, où je vis Charles Croker, pro- cureur du lord Oxmantown, et à qui je communiquai mon projet de vendre mon bien. Dès mon arrivée à l'élection, je demandai à mon frère si le contrat et les autres pièces étoient prêtes. Il me répondit que non, que l'élection avoit été la cause de ce retard, et que le lord Oxmantown, étant entièrement occupé de cette élection, avoit prié qu'on remit mon affaire jusqu'à ce qu'elle fût terminée. De plus, sir *Lawrence Parsons*, membre du parlement, et son frère, le révérend M. *Parsons*, tous deux neveux de ce seigneur, prouveront, si cette affaire est jamais soumise à la décision d'un tribunal, que le lord Oxmantown, dans une consultation tenue chez lui au sujet de mon affaire, et à laquelle ils étoient tous deux présens, disoit qu'il ne le trouvoit pas convenable à ses intérêts de terminer avec moi. Mais écoutons les raisons qu'allègue ce lord, ou ce qui revient au même, son homme d'affaires, M. Moffet. Celui-ci, dans une lettre datée du 24 novembre 1792, à-peu-près trois semaines après cette consultation, dit : « J'ai parlé au lord Oxmantown » concernant l'achat de votre bien ; mais il ne veut » plus employer son argent à de pareilles acquisi-» tions. Le fait est, je crois, qu'il ne trouve pas » l'état actuel des choses assez tranquille, et que les » personnes de toutes les classes veulent attendre » l'issue de la présente session du parlement, et pré-» ferent l'argent aux propriétés foncières. » Vous voyez qu'on ne peut me reprocher aucune lenteur dans cette affaire. A présent je dois vous observer qu'un simple individu qui feroit solemnellement une pareille réponse à une action intentée contre lui, seroit condamné à avoir les oreilles coupées. Existe-il en pareil cas une punition pour les lords ? C'est ce que je ne sais pas.

Le Royaliste. Mais pourquoi ne l'avez-vous pas obligé à tenir ses engagemens ?

L'Auteur. Pour deux raisons. D'abord un procès de

cette nature auroit coûté peut-être des sommes immenses , et le lord Oxmantown savoit bien que je n'é-
tois pas assez riche pour le soutenir. En second lieu, il
auroit duré plusieurs années , et ainsi les vues que j'a-
vois en cherchant à vendre mon bien, auroient été
frustrées. Vous voyez donc que si ce lord eût tenu sa
parole , j'aurois passé par les mains de Robespierre. J'y
aurois peut-être perdu ma tête. En effet , il paroît que
tous les Français que j'ai connus intimément , soit en
Angleterre , soit en Italie, sont morts sur l'échafaud ou
autrement , car je n'en ai pas rencontré un seul depuis
mon arrivée à Paris. De plus , si j'avois réussi dans
mes poursuites contre le lord Oxmantown , je serois
resté en Irlande , où je me serois totalement occupé de
l'exécution de mon grand projet ; et quoique j'aurois
évité de fournir au gouvernement le moindre prétexte
pour me persécuter , cependant je ne suis pas si sot
à penser que j'aurois pu échapper entièrement à
sa vigilance , et je me serois probablement fait em-
prisonner jusqu'à la paix ; ou j'aurois peut - être péri
d'une mort violente. En troisième lieu , si ma correspondance n'avoit pas été interceptée , et si le moyen
de recevoir des secours ne m'avoit pas été ainsi enlevé,
je me serois rendu à Rome, comme j'en ai informé le
citoyen Noël , votre ministre à la Haye , il y a quatre
ans, ayant formé le projet de préparer une révolution à
ma manière dans cette capitale du monde chrétien ,
attendu que j'y étois bien connu. Or, si j'avois fait ce
voyage , il est probable que j'aurois perdu la vie dans
les différentes reactions qui ont eu lieu en Italie. Enfin,
si pendant mon séjour à Amsterdam au mois d'octobre
dernier, je n'avois pas eu aux yeux une inflammation
très-violente, qui m'empêcha totalément de lire, et si,
en même-tems, je n'avois pas reçu l'ordre de quitter
le territoire batave, sur la dénonciation de quelques

jacobins hollandais , sots, ignorans , présompfueux et
lâches , qui m'accusèreet d'être un espion de l'Angleterre , je n'aurois pas eu assez de tems pour digérer
les sujets que je viens de discuter , et pour vous les exposer d'une manière intelligible. Car, si je n'avois point
reçu l'ordre de quitter la Hollande dans un moment
où il m'étoit impossible de lire , je me serois amusé à
Anvers, où je me suis retiré , à lire, ou à parcourir la
campagne. Mais étant obligé de garder la chambre, et
n'ayant aucune connoissance dans la ville, je fus obligé
de méditer profondément ces sujets , dont je n'avois
jusqu'alors que des notions très-confuses. Si donc j'ai
rencontré quelqu'idée qui puisse être utile à la France
ou aux républiques alliées , c'est à mon expulsion de
la Hollande qu'il faut l'attribuer. Ceci vous paroîtra
d'autant plus extraordinaire, que pendant tout le tems
de mon séjour dans ce dernier pays , j'y ai été le seul
partisan du gouvernement actuel, toutes les fois qu'on
venoit à discuter ce sujet en ma présence ; et quoique
avec mon mauvais français , je ne pusse rendre que peu
de service, cependant dans les cafés français de la Haye,
je ne laissois pas que de réduire au silence les ennemis
du gouvernement. Il y avoit entr'autres un anglomane,
qui sentoit la force de mes observations au point qu'il
ne pouvoit se souffrir dans la même rue , ni, qui plus
est, sur la même place publique que moi, quoiqu'il ne
se fût jamais passé le moindre propos malhonnête entre
nous. A Rotterdam , je fus recommandé à un autre anglomane. Après un entretien d'un couple d'heures , la
seconde fois que je le vis , il me fit plusieurs complimens;
mais il demanda la permission de cesser toute communication avec moi, en disant pour s'excuser qu'il avoit beaucoup d'estime pour moi comme individu, mais que mes
observations politiques lui avoient fait naître des réflexions
si désagréables , qu'il ne pouvoit plus me voir qu'avec
peine

peine. A présent considérons la France. Je soutiens que si le gouvernement fait un bon usage de son pouvoir, bien loin d'envisager comme des *maux réels* les différens malheurs que lui ont causés depuis huit ans l'ineptie des uns et la perfidie des autres, il devroit les regarder comme des vrais bienfaits. En effet, je vous le demande au nom du ciel, qu'en seroit-il résulté, si vous aviez réussi à révolutionner l'Europe, ce que vous auriez effectué il y a déjà long-tems, sans la perfidie ou l'ineptie de vos chefs ? Sans contredit, le règne du démagogisme et du jacobinisme auroit été établi par toute la terre, et comme le grand principe de cette secte est l'abolition des impôts, le corps politique se dissoudroit nécessairement, chacun s'isoleroit pour vivre à l'ombre de son figuier, toute connoissance de l'ame humaine deviendroit inutile, et ainsi la postérité ne tarderoit pas à retomber dans cette barbarie, que nos ancêtres ont eu tant de peine à surmonter. Quant aux hommes vertueux, qui ont perdu la vie dans les orages de la révolution, ils jouissent maintenant d'une meilleure ; et de l'autre côté, les méchans qui y ont péri sont à présent délivrés de leur misère et arrachés au vice. En général, on peut dire que de quelque manière qu'on trouve la mort, cette vie ne vaut pas la peine d'être regrettée.

Le Républicain. Vous envisagez ces choses sous un point de vue très-philosophique. Mais il est tems de nous séparer. Cependant, avant que de partir, je dois avouer que jamais je n'ai reçu d'aucune conversation autant de plaisir que des deux que je viens d'avoir avec vous. Je n'avois ci-devant que fort peu d'estime pour les philosophes de l'antiquité, mais aujourd'hui je suis pénétré du plus profond respect pour eux, voyant qu'ils vous ont appris à supporter tous vos malheurs avec une égalité d'ame que les écrits de nos philosophes modernes ne vous

P

auroient jamais donné. Ce que vous avez observé au sujet des langues grecque et romaine, m'a frappé d'une manière particulière, et à votre exemple, je vais laisser nos productions superficielles, et apprendre de nouveau ces langues, qui, si elles n'ont pas été inspirées par la divinité, sont certainement le plus beau monument de l'esprit humain, et ainsi demandent une étude constante et sérieuse.

L'Auteur. Si je pouvois me flatter d'avoir ajouté à la masse de vos connoissances, je pourrois croire au plaisir que vous m'assurez d'une manière si flatteuse avoir trouvé dans ma conversation. Le poëte de la nature nous assure que rien n'a des charmes aussi puissans que la science.

Le Républicain. Dans quel endroit de ses ouvrages ?

L'Auteur. Dans l'Odyssée. Ulysse, quand il n'est attaqué que par la belle Circé et par toutes les jouissances physiques, est assez fort pour ne point succomber. Mais quand il est assailli par les charmes de la science que lui promettent les Sirènes, il connoît sa foiblesse, il craint de manquer à ses devoirs envers son pays, il se fait attacher, par ses nautonniers, au mât de son navire, et met à la voile pour fuir l'irrésistible tentation à laquelle il étoit exposé.

Enregistré à la Bibliothèque nationale, conformément à la loi du 19 juillet 1793, an 2 de la République.

De l'Imprimerie d'E. BOUTONET, rue Neuve-Saint-Augustin, n°. 582